Eugène Ionesco

Tueur sans gages

Gallimard

Dans Tueur sans gages, *les lecteurs et les spectateurs de Ionesco retrouveront un personnage qui leur est familier, M. Bérenger, le héros notamment du* Rhinocéros *et du* Piéton de l'Air. *Ici Bérenger affronte un tueur muet, mais ses efforts pour le combattre, le faire arrêter, le raisonner, le convaincre, le comprendre, l'apitoyer seront vains. Nous sommes tous « instruments et victimes de la mort triomphante ». Le dernier soupir de Bérenger est : « Mon Dieu, on ne peut rien faire! Que peut-on faire... que peut-on faire... »*

PERSONNAGES, VOIX, SILHOUETTES

La pièce Tueur sans gages *a été créée, à Paris, au « Théâtre Récamier », en février 1959, dans une mise en scène de José Quaglio et des décors de Jacques Noël. Costumes : Jacques Noël et Rita Bayance.*

La distribution était la suivante *(par ordre d'entrée en scène) :* Bérenger *:* Claude Nicot; *l'Architecte :* Jean-Marie Serreau; *Dany :* Nicole Jonesco; *la Concierge et la mère Pipe :* Florence Blot; *Édouard :* Nicolas Bataille; *le Tueur, voix d'un chauffeur, voix venant de la rue :* Jacques Saudray; *le Clochard, voix du maître d'école, l'homme ivre, voix venant d'en bas :* Hubert de Lapparent; *Premier sergent de ville :* Jacques Degor; *voix d'un second homme, 2ᵉ vieillard, 3ᵉ voix venant de la rue, le facteur :* Jacques Herlin; *voix d'un homme, 1ᵉʳ vieillard, 1ʳᵉ voix venant de la rue, 4ᵉ voix venant de la rue, voix de droite, le vieux monsieur :* Philippe Kellerson; *le Patron du bistrot, l'épicier, 2ᵉ voix venant de la rue, voix d'en haut, motocycliste, 2ᵉ sergent de ville, voix d'un camionneur :* Gérard Darrieu; *le Soldat, 2ᵉ voix d'en bas, voix de gauche, voix d'un homme dans l'entrée :* Michel Albertone.

A la reprise de la pièce, au « Théâtre de l'Alliance Française », Jacques Mauclair assurait la mise en scène et jouait le rôle de Bérenger, en 1971, dans une version simplifiée, avec Claude Génia dans le rôle de la mère Pipe. En 1968, Tsilla Chelton jouait ce rôle.

INDICATIONS SCÉNIQUES

Plusieurs de ces rôles peuvent être joués par de mêmes acteurs. D'autre part, les voix du deuxième acte ne s'entendront, sans doute, pas toutes. Le metteur en scène devra utiliser, si possible, les moyens de la stéréophonie. Il est préférable aussi, dans ce même deuxième acte, de faire apparaître le plus grand nombre possible de silhouettes, de l'autre côté de la fenêtre, comme sur une scène derrière la scène. Cependant, après le lever du rideau pour le deuxième acte, des paroles, des bruits autour d'une scène vide seront, au moins quelques instants indispensables, afin de prolonger, d'augmenter en quelque sorte l'atmosphère, visuelle et sonore, de la rue, de la ville qui renaît à la fin du premier acte, qui s'estompe après l'arrivée de Bérenger, qui s'impose, de nouveau, avec violence, au début du troisième acte pour s'éloigner définitivement à la fin.

Le discours de Bérenger au Tueur, à la fin de la pièce, est, en soi, un petit acte. Le texte doit être soutenu par un jeu manifestant la désarticulation progressive de Bérenger.

ACTE PREMIER

Pas de décor. Scène vide au lever du rideau.

Sur le plateau il n'y aura plus tard, à gauche, que deux chaises de jardin et une table que l'Architecte apportera lui-même. Elles devront se trouver à proximité dans les coulisses.

Au premier acte, l'ambiance sera donnée, uniquement, par la lumière. Au début, pendant que la scène est encore vide, la lumière est grise comme celle d'un jour de novembre ou de février l'après-midi, lorsque le ciel est couvert. Bruit léger du vent; peut-être verra-t-on une feuille morte traverser le plateau, en voltigeant. Dans le lointain, bruit d'un tramway, silhouettes confuses des maisons qui s'évanouissent lorsque, « soudain », la scène s'éclaire fortement : c'est une lumière très forte, très blanche; il y a cette lumière blanche, il y a aussi le bleu du ciel éclatant et dense. Ainsi, après la grisaille, l'éclairage doit jouer sur ce blanc et ce bleu, constituant les seuls éléments de ce décor de lumière. Les bruits du tramway, du vent ou de la pluie auront cessé à l'instant même où se sera produit le changement d'éclairage. Le bleu, le blanc, le silence, la scène vide doivent créer une impression de calme étrange. Pour cela il faut que l'on donne le temps aux spectateurs de le ressentir. Ce n'est qu'au bout d'une bonne minute que les personnages doivent surgir sur la scène.

Bérenger entre le premier par la gauche, à vive allure, s'arrête au milieu du plateau, se retourne d'un mouvement rapide sur place, vers la gauche, par où arrive, plus posément, l'Architecte, qui le suit. Bérenger, à ce moment, porte un pardessus gris, un chapeau, un foulard. L'Architecte est en veston léger, chemise au col ouvert, pantalons clairs, pas de chapeau; il a, sous le bras, un porte-documents, assez lourd et épais, semblable à la serviette d'Édouard au deuxième acte.

BÉRENGER

... Inouï! Inouï! C'est extraordinaire! Pour moi cela tient du miracle... *(Vague geste de protestation de l'Architecte.)* Du miracle ou, si vous préférez, car, sans doute, êtes-vous un esprit laïque, cela tient du merveilleux! Je vous félicite chaleureusement, Monsieur l'Architecte, c'est merveilleux, merveilleux, merveilleux!... Vraiment!...

L'ARCHITECTE

Oh... Cher Monsieur...

BÉRENGER

Si, si... Je tiens à vous féliciter. C'est proprement incroyable, vous avez réalisé une chose incroyable! La réalité dépassant l'imagination!...

L'ARCHITECTE

Je suis appointé pour faire ce travail, c'est dans mes attributions normales, c'est ma spécialité.

BÉRENGER

Bien sûr, bien sûr, Monsieur l'Architecte, c'est
entendu, vous êtes un technicien doublé d'un
fonctionnaire consciencieux... Pourtant, cela
n'explique pas tout. *(Regardant autour de lui et
fixant son regard sur des endroits précis du plateau.)*
Comme c'est beau, quel magnifique gazon, ce
parterre fleuri... Ah! ces fleurs appétissantes
comme des légumes, ces légumes parfumés comme
des fleurs... et quel ciel bleu, quel extraordinaire
ciel bleu... Comme il fait bon! *(A l'Architecte.)*
Dans toutes les villes du monde, toutes les villes
d'une certaine importance, il doit y avoir, certainement, des fonctionnaires, des architectes
municipaux, comme vous, des architectes en chef
qui ont vos attributions, qui sont salariés comme
vous. Ils sont loin d'aboutir à de pareils résultats.
(Il montre de la main.) Êtes-vous bien payé? Je
m'excuse, je suis peut-être indiscret...

L'ARCHITECTE

Ne vous excusez pas, je vous en prie... Je suis
payé moyennement, comme prévu au budget.
C'est correct. Ça peut aller.

BÉRENGER

Mais votre ingéniosité devrait être payée à prix
d'or. Et encore, faudrait-il de l'or d'avant 1914...
Du vrai.

L'ARCHITECTE, *geste de modeste protestation.*

Oh...

BÉRENGER

Si, si... ne protestez pas, Monsieur l'Architecte
de la ville... De l'or véritable... Celui d'aujour-
d'hui, n'est-ce pas, c'est de l'or dévalorisé, comme
tant de choses par les temps qui courent, de l'or
en papier...

L'ARCHITECTE

Votre surprise, votre...

BÉRENGER

Dites plutôt mon admiration, mon enthousiasme!

L'ARCHITECTE

Si vous voulez. Votre enthousiasme, en effet, me
touche. Je vous en remercie, cher Monsieur...
Bérenger.

> *L'Architecte s'incline pour remercier, après
> avoir cherché dans sa poche une fiche où le nom de
> Bérenger était sans doute inscrit, car, tout en s'in-
> clinant, il lit sur la fiche le nom qu'il prononce.*

BÉRENGER

Sincèrement enthousiasmé, sincèrement, je vous
le jure, ce n'est pas dans mon caractère de faire
des compliments.

L'ARCHITECTE, *cérémonieusement mais détaché.*

J'en suis très, très, très flatté!

BÉRENGER

C'est magnifique! *(Il regarde tout autour.)* Voyez-

vous, on m'avait pourtant bien dit, je ne l'avais
pas cru... ou plutôt on ne me l'avait pas dit, mais
je le savais, je savais qu'il existait dans notre ville
sombre, au milieu de ses quartiers de deuil, de
poussière, de boue, ce beau quartier clair, cet
arrondissement hors classe, avec des rues ensoleil-
lées, des avenues ruisselantes de lumière... cette
cité radieuse dans la cité que vous avez cons-
truite...

L'ARCHITECTE

C'est un noyau qui doit, qui devait plutôt, en
principe, s'élargir. J'en ai fait les plans sur ordre
de la Municipalité. Je ne me permets pas d'avoir
des initiatives personnelles...

BÉRENGER, *continuant son monologue.*

J'y croyais sans y croire. Je le savais sans le
savoir! J'avais peur d'espérer... espérer, ce n'est
plus un mot français, ni turc, ni polonais... belge,
peut-être... et encore...

L'ARCHITECTE

Je comprends, je comprends!

BÉRENGER

Et pourtant, m'y voici. La réalité de votre cité
radieuse est indiscutable. On la touche du doigt.
Cette clarté bleue a l'air tout à fait naturelle... du
bleu, du vert... Oh, ce gazon, ces fleurs roses...

L'ARCHITECTE

Oui, ces fleurs roses sont bien des roses.

BÉRENGER

Des roses véritables? *(Il se promène sur le plateau, montre du doigt, sent les fleurs invisibles, etc.)* Encore du bleu, encore de la verdure... les couleurs de la joie. Et quel calme, quel calme!

L'ARCHITECTE

C'est la règle dans ce coin, cher Monsieur... *(il lit sur la fiche)* ... Bérenger. C'est calculé, c'est fait exprès. Rien ne devait être laissé au hasard dans ce quartier, le temps y est toujours beau... Aussi les terrains se vendent-ils... ou plutôt... se vendaient-ils très cher... Les villas sont construites avec les meilleurs matériaux... C'est solide, soigneusement fait.

BÉRENGER

Il ne doit jamais pleuvoir dans les maisons.

L'ARCHITECTE

Absolument pas! C'est la moindre des choses. Il pleut donc chez vous?

BÉRENGER

Oui, hélas, Monsieur l'Architecte!

L'ARCHITECTE

Cela ne devrait pas se produire, pas même dans votre quartier. Je vais y envoyer un contremaître.

BÉRENGER

C'est-à-dire, il n'y pleut pas réellement, peut-être. C'est une façon de parler. Il y a une telle humidité, c'est comme s'il y pleuvait.

L'ARCHITECTE

Je vois, c'est moral. De toute façon, ici, dans ce quartier, il ne pleut jamais. Pourtant, tous les murs des habitations que vous voyez, tous les toits sont étanches, par habitude, par acquit de conscience. C'est inutile, mais c'est pour respecter une vieille tradition.

BÉRENGER

Il ne pleut jamais, dites-vous? Et cette végétation, ce gazon? Et, dans les arbres, pas une feuille sèche, dans les jardins, pas une fleur fatiguée!

L'ARCHITECTE

C'est arrosé par en dessous.

BÉRENGER

Merveille de la technique! Excusez la stupéfaction d'un profane comme moi...

Bérenger éponge, avec un mouchoir, la sueur de son front.

L'ARCHITECTE

Enlevez donc votre pardessus, mettez-le sur votre bras, vous avez trop chaud.

BÉRENGER

En effet, oui... je n'ai plus froid du tout... Merci, merci pour votre conseil. (*Il enlève son pardessus, le met sur le bras; il garde son chapeau sur la tête; tout en faisant ces gestes, il regarde en haut.*) Les feuilles des arbres sont assez grandes pour laisser

filtrer la lumière, pas trop pour ne pas assombrir
les façades. C'est tout de même étonnant quand
on pense que dans tout le reste de la ville le ciel est
gris comme les cheveux d'une vieille femme, qu'il
y a de la neige sale aux bords des trottoirs, qu'il
y vente. Ce matin, j'ai eu très froid au réveil.
J'étais glacé. Les radiateurs fonctionnent tellement
mal dans l'immeuble que j'habite, surtout au rez-
de-chaussée. Ça fonctionne plus mal encore quand
on ne fait pas de feu... C'est pour vous dire que...

> *On entend, venant de la poche de l'Architecte,
> une sonnerie de téléphone. L'Architecte sort de
> cette poche un récepteur, le porte à son oreille; un
> bout du fil téléphonique reste dans la poche.*

L'ARCHITECTE

Allô?

BÉRENGER

Excusez-moi, Monsieur l'Architecte, je vous
empêche de faire votre service...

L'ARCHITECTE, *au téléphone.*

Allô? *(A Bérenger.)* Mais non... J'ai réservé une
heure pour vous faire visiter le quartier. Vous ne
me dérangez pas du tout. *(Au téléphone.)* Allô?
Oui. Je suis au courant. Prévenez le sous-chef.
Entendu. Qu'il enquête, s'il y tient absolument.
Qu'il fasse les formalités. Je suis avec M. Bérenger, pour la visite de la cité radieuse. *(Il remet
l'appareil dans sa poche. A Bérenger qui s'était éloigné
de quelques pas, perdu dans son ravissement.)* Vous
disiez? Hé, où êtes-vous?

BÉRENGER

Ici. Excusez-moi. Que disais-je? Ah, oui... Oh,
ça n'a plus beaucoup d'importance, maintenant.

L'ARCHITECTE

Allez-y. Dites quand même.

BÉRENGER

Je disais... ah oui... dans mon quartier, chez
moi plus particulièrement, tout est humide : le
charbon, le pain, le vent, le vin, les murs, l'air, et
même le feu. Que j'ai eu du mal ce matin à me
lever, j'ai dû faire un grand effort. C'était bien
pénible. Si les draps n'avaient pas été humides
eux aussi, je ne me serais pas décidé. J'étais loin
de prévoir que, tout d'un coup, comme par
enchantement, je me verrais au milieu du printemps, en plein avril, en cet avril de mes rêves...
de mes plus anciens rêves...

L'ARCHITECTE

Des rêves! *(Haussement d'épaules.)* En tout cas,
vous auriez mieux fait de venir plus tôt, de venir
avant que...

BÉRENGER, *l'interrompant.*

Ah oui, j'en ai perdu du temps, c'est vrai...
*(Bérenger et l'Architecte continuent de faire des pas sur
la scène. Bérenger doit donner l'impression de parcourir
des avenues, des allées, des jardins. L'Architecte le suit,
plus lentement. A certains moments, peut-être, Bérenger
devra se retourner pour parler à l'Architecte, et lui parler d'une voix plus forte. Il doit faire semblant d'at-*

tendre que l'Architecte se rapproche. Montrant de la main, dans le vide.) Oh, la jolie maison! La façade est exquise, j'admire la pureté de ce style! Du xviie? Non, du xve ou fin xixe? En tout cas, c'est classique et surtout, que c'est coquet, que c'est coquet... Eh oui, j'ai perdu beaucoup de temps, est-il trop tard?... Non... Si... Non, il n'est peut-être pas trop tard, qu'en pensez-vous?

L'ARCHITECTE

Je n'ai pas réfléchi à la question.

BÉRENGER

J'ai trente-cinq ans, Monsieur l'Architecte, trente-cinq... en réalité, pour tout vous dire, j'en ai quarante, quarante-cinq... peut-être même davantage.

L'ARCHITECTE, *regardant la fiche.*

Nous le savons. Votre âge est inscrit sur votre fiche. Nous avons tous les dossiers.

BÉRENGER

Vraiment?... Oh!

L'ARCHITECTE

C'est normal, il nous les faut pour l'état civil, mais ne vous inquiétez pas. Le code ne prévoit pas de sanctions pour ce genre de dissimulations, de coquetteries.

BÉRENGER

Ah, tant mieux! D'ailleurs, si je ne déclare que

trente-cinq ans, ce n'est absolument pas pour tromper mes concitoyens, qu'est-ce que ça peut leur faire? C'est pour me tromper moi-même. De cette façon, je me suggestionne, je me crois plus jeune, je m'encourage...

L'ARCHITECTE

C'est humain, c'est naturel.

> *Sonnerie du téléphone de poche, l'Architecte reprend l'appareil.*

BÉRENGER

Ah, ces gentils petits cailloux!

L'ARCHITECTE, *au récepteur.*

Allô... Une femme? Prenez son signalement. Enregistrez. Envoyez au service de la statistique...

BÉRENGER, *montrant du doigt
le coin de la scène, à gauche.*

Qu'est-ce que c'est, là?

L'ARCHITECTE, *au téléphone.*

Mais non, mais non, rien d'autre à signaler. Tant que je suis là, il ne peut rien se passer d'autre. *(Il remet le récepteur dans sa poche. A Bérenger.)* Je m'excuse, je vous écoute.

BÉRENGER, *même jeu.*

Qu'est-ce que c'est, là?

L'ARCHITECTE, *montrant un endroit,
toujours vide, du plateau.*

Ah, ceci... c'est une serre.

BÉRENGER

Une serre?

L'ARCHITECTE

Oui. Pour les fleurs qui ne s'accommodent pas
d'un climat tempéré, les fleurs qui aiment le froid.
On leur crée un climat hivernal. De temps à autre,
on fait marcher des petites tempêtes.

BÉRENGER

Ah, tout est prévu... oui, Monsieur, j'ai peut-
être soixante ans, soixante-dix ans, quatre-vingts,
cent vingt ans, que sais-je?

L'ARCHITECTE

Moralement!

BÉRENGER

Cela se traduit aussi physiquement. C'est psy-
chosomatique... Est-ce que je dis des sottises?

L'ARCHITECTE

Pas tellement. Comme tout le monde.

BÉRENGER

Je me sens vieux. Le temps est surtout subjec-
tif. Ou plutôt, je me sentais vieux, car depuis ce
matin je suis un homme nouveau. Je suis sûr que
je redeviens moi-même, le monde redevient lui-
même; c'est votre pouvoir qui aura fait cela.
Votre lumière magique...

L'ARCHITECTE

Mon éclairage électrique!

BÉRENGER

... Votre cité lumineuse! *(Il montre du doigt, tout près.)* C'est le pouvoir de ces murs immaculés couverts de roses, votre œuvre! Ah, oui, oui, oui... rien n'est donc perdu, j'en suis sûr, à présent... Je me souviens tout de même que deux ou trois personnes m'avaient, en effet, parlé de la cité riante : les uns me disaient que c'était tout près, les autres que c'était très loin, qu'on y arrivait facilement, difficilement, que c'était un quartier réservé...

L'ARCHITECTE

C'est faux!

BÉRENGER

... Qu'il n'y avait pas de moyens de transport...

L'ARCHITECTE

C'est idiot. La station du tramway est là, au bout de l'allée principale.

BÉRENGER

Oui, bien sûr, bien sûr! Je sais, maintenant. Pendant longtemps, je vous assure, j'avais essayé, consciemment ou inconsciemment, de trouver la direction. J'allais à pied jusqu'au bout d'une rue, je m'apercevais que ce n'était qu'une impasse. Je contournais des murailles, longeais des clôtures, arrivais au fleuve, loin du pont, au-delà du marché et des portes. Ou alors, je rencontrais des amis, en cours de route, qui ne m'avaient plus revu depuis le régiment : j'étais obligé de m'arrê-

ter pour bavarder avec eux; il se faisait trop tard;
je devais rentrer. Enfin n'y pensons plus, j'y suis,
maintenant. Je suis rassuré.

L'ARCHITECTE

C'était tellement simple. Il suffisait de m'envoyer un mot, d'écrire officiellement aux bureaux
municipaux; mes services vous auraient envoyé,
sous pli recommandé, toutes les indications
nécessaires.

BÉRENGER

Eh oui, il fallait y penser! Enfin, inutile de
regretter les années gâchées...

L'ARCHITECTE

Comment vous y êtes-vous pris aujourd'hui
pour trouver le chemin?

BÉRENGER

Tout à fait par hasard. J'ai pris le tramway,
justement.

L'ARCHITECTE

Qu'est-ce que je vous disais!

BÉRENGER

Je me suis trompé de tramway, je voulais en
prendre un autre, j'étais convaincu que je n'étais
pas dans la bonne direction, pourtant c'était la
bonne, par erreur, heureuse erreur...

L'ARCHITECTE

Heureuse?

BÉRENGER

Non? Pas heureuse? Oh, mais si, heureuse, très
heureuse.

L'ARCHITECTE

Enfin, bref, vous verrez par la suite.

BÉRENGER

J'ai déjà vu. Ma conviction est faite.

L'ARCHITECTE

De toute façon, sachez qu'il faut toujours aller
jusqu'au terminus. Dans toutes les circonstances.
Tous les tramways mènent ici : c'est le dépôt.

BÉRENGER

En effet. Le tramway m'a laissé là, à la station.
J'ai tout de suite reconnu, bien que ne les ayant
jamais vues, les avenues, les maisons en fleurs, et
vous, qui aviez l'air de m'attendre.

L'ARCHITECTE

J'étais prévenu.

BÉRENGER

Il y a une telle métamorphose! C'est comme si
je me trouvais loin vers le sud, à mille ou deux
mille kilomètres. Un autre univers, un monde
transfiguré! Pour y arriver, rien que ce tout petit
voyage, un voyage qui n'en est pas un, puisqu'il
a lieu, pour ainsi dire, sur les lieux mêmes... *(Il
rit, puis, gêné :)* Excusez ce mauvais petit jeu de
mots, ce n'est pas très spirituel.

L'ARCHITECTE

Ne prenez pas cet air navré. J'en ai entendu de
pires. Je mets cela sur le compte de votre euphorie...

BÉRENGER

Je ne suis pas un esprit scientifique. Voilà pourquoi, sans doute, je ne m'explique pas, malgré
vos explications pertinentes, comment il peut
faire toujours beau dans cet endroit! Peut-être
aussi, et cela a dû vous faciliter les choses, les lieux
sont-ils mieux protégés? Il n'y a pas de collines
pourtant, tout autour, pour abriter contre le
mauvais temps! D'ailleurs, les collines ne chassent
pas les nuages, n'empêchent pas la pluie, n'importe qui le sait. Est-ce qu'il y a des courants
chauds et lumineux venant d'un cinquième point
cardinal ou d'une troisième hauteur? Non,
n'est-ce pas? D'ailleurs, cela se saurait. Je suis
stupide. Il n'y a aucune brise, bien que l'air sente
bon. C'est curieux, tout de même, Monsieur
l'Architecte de la ville, c'est bien curieux!

L'ARCHITECTE, *donnant*
des renseignements compétents.

Rien d'extraordinaire, je vous dis, c'est de la
tech-ni-que!! Tâchez donc de comprendre. Vous
auriez dû suivre une école pour adultes. Ici, c'est
tout simplement un îlot... avec des ventilateurs
cachés que j'ai pris pour modèles dans ces oasis
qui se trouvent un peu partout, dans les déserts,
où vous voyez surgir, tout à coup, au milieu des
sables arides, des cités surprenantes, recouvertes

de roses fraîches, ceinturées de sources, de
rivières, de lacs...

BÉRENGER

Ah, oui... C'est exact. Vous parlez de ces cités
que l'on appelle aussi mirages. J'ai lu des récits
d'explorateurs à ce sujet. Vous voyez, je ne suis
pas complètement ignorant. Les mirages... il n'y
a rien de plus réel. Les fleurs de feu, les arbres de
flamme, les étangs de lumière, il n'y a que cela de
vrai, au fond. J'en suis bien convaincu. Et là-bas?
Qu'est-ce que c'est?

L'ARCHITECTE

Là-bas? Où, là-bas? Ah, là-bas?

BÉRENGER

On dirait un bassin.

*L'éclairage fait apparaître, dans le fond, la
forme vague d'un bassin qui a surgi au moment
où le mot a été prononcé.*

L'ARCHITECTE

Heu... Dame, oui. Un bassin. Vous avez bien
vu. C'est un bassin. *(Il consulte sa montre.)* Je crois
que j'ai encore un peu de temps.

BÉRENGER

Peut-on y aller?

L'ARCHITECTE

Vous voudriez le voir de plus près? *(Il a l'air*

d'hésiter.) Bon. Puisque vous y tenez. Je dois vous le montrer.

BÉRENGER

Ou plutôt... je ne sais quoi choisir... Tout est si beau... J'aime les pièces d'eau, mais je me sens attiré aussi par ce buisson fleuri d'aubépines. Si vous voulez, nous verrons le bassin tout à l'heure...

L'ARCHITECTE

Comme vous voulez!

BÉRENGER

J'adore les aubépines.

L'ARCHITECTE

Décidez-vous.

BÉRENGER

Oui, oui, allons vers les aubépines.

L'ARCHITECTE

Je suis à votre disposition.

BÉRENGER

On ne peut tout voir à la fois.

L'ARCHITECTE

C'est très juste.

      Le bassin disparaît. Ils font quelques pas.

BÉRENGER

Quelle odeur suave! Vous savez, Monsieur

l'Architecte, je... excusez-moi de vous parler de moi... on peut tout dire à un architecte, il comprend tout...

L'ARCHITECTE

Faites donc, faites, ne vous gênez pas.

BÉRENGER

Merci! Vous savez, j'ai tellement besoin d'une autre vie, d'une nouvelle vie. Un autre cadre, un autre décor; un autre décor, vous allez penser que c'est bien peu de chose et que... avoir de l'argent, par exemple...

L'ARCHITECTE

Mais non, mais non...

BÉRENGER

Mais si, mais si, vous êtes trop poli... Un décor, cela n'est que superficiel, de l'esthétisme, s'il ne s'agit pas, comment dire, d'un décor, d'une ambiance qui correspondrait à une nécessité intérieure, qui serait, en quelque sorte...

L'ARCHITECTE

Je vois, je vois...

BÉRENGER

...le jaillissement, le prolongement de l'univers du dedans. Seulement, pour qu'il puisse jaillir, cet univers du dedans, il lui faut le secours extérieur d'une certaine lumière existante, physique, d'un monde objectivement nouveau. Des jardins,

du ciel bleu, un printemps qui correspondent à
l'univers intérieur, dans lequel celui-ci puisse se
reconnaître, qui soit comme sa traduction ou
comme son anticipation, ou ses miroirs dans lesquels son propre sourire pourrait se réfléchir...
dans lesquels il puisse se reconnaître, dire : voilà
ce que je suis en vérité et que j'avais oublié, un
être souriant, dans un monde souriant... En
somme, monde intérieur, monde extérieur, ce
sont des expressions impropres, il n'y a pas de
véritables frontières, pourtant, entre ces deux
mondes ; il y a une impulsion première, évidemment, qui vient de nous, et lorsqu'elle ne peut
s'extérioriser, lorsqu'elle ne peut se réaliser objectivement, lorsqu'il n'y a pas un accord total entre
moi du dedans et moi du dehors, c'est la catastrophe, la contradiction universelle, la cassure.

L'ARCHITECTE, *se grattant la tête*.

Vous avez une de ces terminologies. Nous ne
parlons pas le même langage.

BÉRENGER

Je ne pouvais plus vivre, sans pouvoir mourir,
cependant. Heureusement, tout va changer.

L'ARCHITECTE

Du calme, du calme !

BÉRENGER

Excusez-moi. Je m'exalte.

L'ARCHITECTE

C'est un trait de votre caractère. Vous faites

partie de la catégorie des tempéraments poé-
tiques. Il en faut, sans doute, puisque cela existe.

BÉRENGER

Depuis des années et des années, de la neige
sale, un vent aigre, un climat sans égard pour les
créatures... des rues, des maisons, des quartiers
entiers de gens pas vraiment malheureux, c'est
pire, des gens ni heureux ni malheureux, laids,
parce qu'ils ne sont ni laids ni beaux, des êtres
tristement neutres, nostalgiques sans nostalgies,
comme inconscients, souffrant inconsciemment
d'exister. Mais moi j'avais conscience du malaise
de l'existence. Peut-être parce que je suis plus
intelligent, ou moins intelligent au contraire,
moins sage, moins résigné, moins patient. Est-ce
un défaut? Est-ce une qualité?

L'ARCHITECTE, *qui donne des signes d'impatience.*

C'est selon.

BÉRENGER

On ne peut pas savoir. L'hiver de l'âme! Je
m'exprime confusément, n'est-ce pas?

L'ARCHITECTE

Je ne saurais en juger. Ce n'est pas dans mes
attributions. C'est le service de la logique qui s'en
occupe.

BÉRENGER

Je ne sais si vous goûtez mon lyrisme.

L'ARCHITECTE, *sèchement*.

Mais si, voyons!

BÉRENGER

Voilà. Voilà : il y avait, autrefois, en moi,
ce foyer puissant de chaleur intérieure, contre
laquelle le froid ne pouvait rien, une jeunesse,
un printemps que les automnes ne pouvaient
entamer; une lumière rayonnante, des sources
lumineuses de joie que je croyais inépuisables.
Pas le bonheur, je dis bien : la joie, la félicité qui
faisaient que je pouvais vivre... *(Sonnerie du téléphone dans la poche de l'Architecte.)* ... Il y avait une
énorme énergie... *(L'Architecte sort le téléphone de
sa poche.)* ... Un élan... ça devait être l'élan vital,
n'est-ce pas?...

L'ARCHITECTE, *récepteur à l'oreille*.

Allô?

BÉRENGER

Et puis, cela, tout cela s'est éteint, s'est brisé...

L'ARCHITECTE, *au téléphone*.

Allô? Parfait, parfait, parfait!... Cela ne doit
pas dater d'hier.

BÉRENGER, *continuant son monologue*.

Cela doit dater de... de je ne sais plus quand...
de très, très longtemps... *(L'Architecte remet le récepteur dans sa poche et donne de nouveaux signes d'impatience; il va en coulisse, à gauche, il rapporte une chaise
qu'il installe dans le coin, à gauche, où était supposée*

se trouver la serre.) ... Il doit y avoir des siècles...
ou peut-être seulement quelques années, ou peut-
être était-ce hier...

L'ARCHITECTE

Je vous prie de m'excuser, j'ai des affaires
urgentes à régler au bureau, permettez-moi de
m'y rendre.

Il sort à gauche, une seconde.

BÉRENGER, *seul.*

Oh... Monsieur l'Architecte, vraiment, je m'excuse, je...

L'ARCHITECTE *revient, avec une petite table*
qu'il met devant la chaise, s'assoit,
sort le téléphone de sa poche, le pose sur la table,
met son porte-documents, ouvert, devant lui.

A mon tour de m'excuser.

BÉRENGER

Oh, je suis confus.

L'ARCHITECTE

Ne soyez pas trop déçu. J'ai deux oreilles : une
pour le service, je vous réserve l'autre. Un œil
aussi, pour vous. L'autre, pour la commune.

BÉRENGER

Cela ne va pas trop vous fatiguer ?

L'ARCHITECTE

Ne vous inquiétez pas. J'ai l'habitude. Allez-y,

poursuivez... *(Il sort du porte-documents, ou fait semblant, des dossiers qu'il pose et ouvre, ou fait semblant, sur la table.)* Je suis à mes dossiers, et aussi à vous... Vous ne saviez pas, disiez-vous, de quand datait la rupture de votre élan !

BÉRENGER

Certainement pas d'hier. *(Il continue de se promener en tournant autour de l'Architecte plongé dans ses dossiers.)* C'est tellement ancien que j'ai presque oublié, qu'il me semble qu'il s'agit d'une illusion; pourtant ce ne peut être une illusion puisque j'en ressens terriblement l'absence.

L'ARCHITECTE, *dans ses dossiers.*

Racontez.

BÉRENGER

Je ne puis analyser cet état, je ne sais même pas si l'expérience que j'ai vécue est communicable. Ce n'était pas une expérience fréquente. Elle s'est répétée cinq ou six fois, dix fois, peut-être, dans ma vie. Assez, cependant, pour combler de joie, de certitude, je ne sais quels réservoirs de l'esprit. Lorsque j'étais enclin à la mélancolie, le souvenir de ce rayonnement éblouissant, de cet état lumineux, faisait renaître en moi la force, les raisons sans raison de vivre, d'aimer... d'aimer quoi?... D'aimer tout, éperdument...

L'ARCHITECTE, *au téléphone.*

Allô, le stock est épuisé !

BÉRENGER

Hélas, oui, Monsieur.

L'ARCHITECTE, *qui a raccroché.*

Je ne disais pas cela pour vous, cela concerne mes dossiers.

BÉRENGER

C'est vrai aussi pour moi, Monsieur, les réservoirs sont vides. Pour ce qui est de la lumière, je peux être considéré comme économiquement faible. Je vais tâcher de vous dire... est-ce que j'abuse?

L'ARCHITECTE

J'enregistre, c'est mon métier. Continuez, ne vous gênez pas.

BÉRENGER

C'est à la fin du printemps que cela m'arrivait, ou bien aux tout premiers jours de l'été, à l'approche de midi; cela se passait d'une façon tout à fait simple et, à la fois, tout à fait inattendue. Le ciel était aussi pur que celui dont vous avez su recouvrir votre radieuse cité, Monsieur l'Architecte. Oui, cela se passait dans un extraordinaire silence, dans une très longue seconde de silence...

L'ARCHITECTE, *toujours dans ses dossiers.*

Bon. Parfait.

BÉRENGER

La dernière fois, je devais avoir dix-sept ans,

dix-huit ans, je me trouvais dans une petite ville
de campagne... laquelle? laquelle, mon Dieu?...
Quelque part dans le sud, je crois... Bref, cela
n'a pas d'importance, les lieux ne comptent
guère, je me promenais dans une rue étroite, à
la fois ancienne et neuve, bordée de maisons
basses, toutes blanches, enfouies dans des cours,
ou des petits jardins, avec des clôtures de bois,
peintes... en jaune clair, était-ce en jaune clair?
J'étais tout seul dans la rue. Je longeais les clôtures, les maisons, il faisait bon, pas trop chaud,
le soleil au-dessus de ma tête, très haut dans le
bleu du ciel. Je marchais à vive allure, vers quel
but? Je ne sais plus. Je sentis profondément le
bonheur unique de vivre. J'avais tout oublié, je
ne pensais plus à rien, sauf à ces maisons-là, ce
ciel profond, ce soleil qui semblait s'être rappro-
ché, à portée de la main dans ce monde construit
à ma mesure.

L'ARCHITECTE, *consultant sa montre.*

Elle n'est pas encore là, c'est tout de même
extraordinaire! Encore en retard!

BÉRENGER, *continuant.*

Brusquement la joie se fit plus grande encore,
rompant toutes les frontières! Oh, l'indicible
euphorie m'envahit, la lumière se fit encore plus
éclatante, sans rien perdre de sa douceur, elle
était tellement dense qu'elle en était respirable,
elle était devenue l'air lui-même ou buvable,
comme une eau transparente... Comment vous

dire l'éclat incomparable?... C'était comme s'il y avait quatre soleils dans le ciel...

L'ARCHITECTE, *parlant au téléphone.*

Allô? Avez-vous vu ma secrétaire aujourd'hui? Il y a un tas de travail qui l'attend.

Il raccroche avec colère.

BÉRENGER

Les maisons que je longeais semblaient être des taches immatérielles prêtes à fondre dans la lumière plus grande qui dominait tout.

L'ARCHITECTE

Je vais lui coller une de ces amendes!

BÉRENGER, *à l'Architecte.*

Vous voyez ce que je veux dire?

L'ARCHITECTE, *distrait.*

A peu près, votre exposé me semble plus clair maintenant.

BÉRENGER

Pas un homme dans la rue, pas un chat, pas un bruit, il n'y avait que moi. *(Sonnerie du téléphone.)* Pourtant, je ne souffrais pas de cette solitude, ce n'était pas une solitude.

L'ARCHITECTE, *au téléphone.*

Alors est-ce qu'elle est arrivée?

BÉRENGER

Ma paix, ma propre lumière à leur tour s'épan-

chaient dans le monde, je comblais l'univers
d'une sorte d'énergie aérienne. Pas une parcelle
vide, tout était un mélange de plénitude et de
légèreté, un parfait équilibre.

L'ARCHITECTE, *au téléphone*.

Enfin! Passez-la-moi au bout du fil.

BÉRENGER

Un chant triomphal jaillissait du plus profond
de mon être : j'étais, j'avais conscience que
j'étais depuis toujours, que je n'allais plus mourir.

L'ARCHITECTE, *au téléphone,*
contenant son irritation.

Je suis quand même heureux de vous entendre,
Mademoiselle. Ce n'est pas trop tôt. Comment?

BÉRENGER

Tout était vierge, purifié, retrouvé, je ressentais
à la fois un étonnement sans nom, mêlé à un sentiment d'extrême familiarité.

L'ARCHITECTE, *au téléphone*.

Qu'est-ce que cela veut dire, Mademoiselle?

BÉRENGER

C'est bien cela, me disais-je, c'est bien cela... Je
ne puis vous expliquer ce que « cela » voulait
dire, mais, je vous assure, Monsieur l'Architecte,
je me comprenais très bien.

L'ARCHITECTE, *au téléphone*.

Je ne vous comprends pas, Mademoiselle.
Vous n'avez aucune raison de vous plaindre de
nous. Ce serait plutôt le contraire.

BÉRENGER

Je me sentais là, aux portes de l'univers, au
centre de l'univers... Cela doit vous paraître
contradictoire!

L'ARCHITECTE, *au téléphone*.

Un moment, je vous prie. *(A Bérenger.)* Je vous
suis, je vous suis, je fais la part des choses, ne vous
inquiétez pas. *(Au téléphone.)* J'écoute.

BÉRENGER

Je marchais, je courais, je criais : je suis, je suis,
tout est, tout est!... Oh, j'aurais certainement pu
m'envoler, tellement j'étais devenu léger, plus
léger que ce ciel bleu que je respirais... Un effort
de rien, un tout petit bond aurait suffi... Je me
serais envolé... j'en suis sûr.

L'ARCHITECTE, *au téléphone*
et tapant du poing sur la table.

Ça c'est trop fort. Qu'est-ce qu'on vous a
fait?

BÉRENGER

Si je ne l'ai pas fait, c'est que j'étais trop heureux, je n'y pensais plus.

L'ARCHITECTE, *au téléphone*.

Vous voulez quitter l'Administration? Réflé-

chissez bien avant de démissionner. Vous aban-
donnez, sans raisons sérieuses, une brillante
carrière! Chez nous, vous avez pourtant l'avenir
assuré, et la vie... et la vie!! Vous ne craignez pas
le danger?

BÉRENGER

Et tout à coup, ou, plutôt petit à petit... non,
plutôt subitement, je ne sais pas, je sais seulement
que tout était redevenu gris ou pâle ou neutre.
C'est une façon de parler. Le ciel était toujours
pur, ce n'était pas la même pureté, ce n'était plus
le même soleil, le même matin, le même printemps. Un tour de passe-passe s'était produit.
Ce n'était plus que le jour de tous les jours, une
lumière naturelle.

L'ARCHITECTE, *au téléphone.*

Vous ne pouvez plus supporter la situation?
C'est enfantin. Je refuse votre démission. En tout
cas, venez finir votre courrier et vous vous expli-
querez. Je vous attends.

Il raccroche.

BÉRENGER

Il se fit en moi une sorte de vide tumultueux,
une tristesse profonde s'empara de moi, comme
au moment d'une séparation tragique, intolé-
rable. Les commères sortirent des cours, per-
cèrent mes tympans de leurs voix criardes, des
chiens aboyèrent, je me sentis abandonné parmi
tous ces gens, toutes ces choses...

L'ARCHITECTE

Elle est complètement idiote. *(Il se lève.)* C'est son affaire, après tout. Il y en a mille pour demander sa place... *(il se rassoit)*... et une vie sans péril.

BÉRENGER

Et depuis, c'est le perpétuel novembre, crépuscule perpétuel, crépuscule du matin, crépuscule de minuit, crépuscule de midi. Finies les aurores! Dire que l'on appelle cela la civilisation!

L'ARCHITECTE

Attendons-la.

BÉRENGER

Ce qui m'a permis de continuer la vie dans la cité grise, c'est le souvenir de cet événement.

L'ARCHITECTE, *à Bérenger.*

Vous en êtes sorti, tout de même, de cette... mélancolie?

BÉRENGER

Pas tout à fait. Mais je me suis promis de ne pas oublier. Dans mes jours de tristesse, de dépression nerveuse ou d'angoisse, je me rappellerai toujours, me suis-je dit, cet instant lumineux qui me permettrait de tout supporter, qui devrait être ma raison d'exister, mon appui. Pendant des années, j'étais sûr...

L'ARCHITECTE

Sûr de quoi?

BÉRENGER

Sûr d'avoir été sûr... mais ce souvenir n'a pas
été assez fort pour résister au temps.

L'ARCHITECTE

Il me semble, pourtant...

BÉRENGER

Vous vous trompez, Monsieur l'Architecte.
Le souvenir que j'en ai gardé n'est plus que le
souvenir d'un souvenir, comme une pensée devenue extérieure à moi-même, comme une chose
racontée par un autre; image défraîchie que je ne
pouvais plus rendre vivante. L'eau de la source
s'était tarie, et je me mourais de soif... Mais vous
devez vous-même parfaitement me comprendre,
cette lumière est aussi en vous, c'est la même,
c'est la mienne puisque *(grand geste: montrant dans
le vide)* vous l'avez, de toute évidence, recréée,
matérialisée. Ce quartier radieux, il a bien jailli
de vous... Vous me l'avez rendue, ma lumière
oubliée... ou presque. Je vous en suis infiniment
reconnaissant. Merci en mon nom et au nom de
tous les habitants.

L'ARCHITECTE

Mais oui, bien sûr.

BÉRENGER

Et chez vous ce n'est pas le produit irréel d'une
imagination exaltée. Ce sont de vraies maisons,
des pierres, de la brique, du ciment *(touchant
dans le vide),* c'est concret, palpable, solide.

Votre méthode est la bonne, vos procédés sont rationnels.

> *Il fait toujours semblant de tâter des murs.*

> L'ARCHITECTE, *tâtant, lui aussi,*
> *des murs invisibles, après avoir quitté son coin.*

C'est de la brique, oui, et de la bonne. Du ciment, et de la meilleure qualité.

> BÉRENGER, *même jeu.*

Non, non, ce n'est pas un simple rêve, cette fois.

> L'ARCHITECTE,
> *tâtant toujours des murs invisibles,*
> *puis s'arrêtant avec un soupir.*

Il eût été peut-être préférable que ce fût un rêve. Pour moi, cela m'est égal. Je suis fonctionnaire. Mais pour beaucoup d'autres, la réalité, la réalité peut tourner au cauchemar...

> BÉRENGER, *s'arrêtant, lui aussi,*
> *de tâter les murs invisibles, très surpris.*

Pourquoi donc, que voulez-vous dire?

> *L'Architecte retourne à ses dossiers.*

> BÉRENGER

En tout cas, je suis heureux d'avoir touché du doigt la réalité de mon souvenir. Je suis aussi jeune qu'il y a cent ans. Je peux redevenir amoureux... *(En direction de la coulisse, à droite.)* Mademoiselle, ô, Mademoiselle, voulez-vous vous marier avec moi?

*Juste à la fin de cette dernière phrase entre, par
la droite, Dany, blonde secrétaire de l'Architecte.*

L'ARCHITECTE, *à Dany qui entre.*

Ah, vous voilà, vous, nous avons à parler.

DANY, *à Bérenger.*

Laissez-moi le temps de réfléchir, au moins!

L'ARCHITECTE, *à Bérenger.*

Ma secrétaire, Mademoiselle Dany. *(A Dany.)*
Monsieur Bérenger.

DANY, *distraitement, un peu nerveuse, à Bérenger.*

Enchantée.

L'ARCHITECTE, *à Dany.*

Nous n'aimons pas les retards, Mademoiselle,
dans l'Administration. Les caprices non plus.

BÉRENGER, *à Dany, qui va poser
sa machine à écrire sur la table
et apporte une chaise de la coulisse de gauche.*

Mademoiselle Dany, quel joli nom! Avez-vous
réfléchi, maintenant? C'est oui, n'est-ce pas?

DANY, *à l'Architecte.*

Je suis décidée à partir, Monsieur, j'ai besoin
de vacances. Je suis fatiguée.

L'ARCHITECTE, *mielleux.*

Si ce n'est que cela, il fallait le dire. On peut
s'arranger. Voulez-vous trois jours de permission?

BÉRENGER, *à Dany*.

C'est oui, n'est-ce pas? Oh, vous êtes tellement belle...

DANY, *à l'Architecte*.

Je dois me reposer beaucoup plus longtemps.

L'ARCHITECTE, *à Dany*.

Je consulterai la Direction générale, je peux vous obtenir une semaine à mi-solde.

DANY, *à l'Architecte*.

J'ai besoin de me reposer définitivement.

BÉRENGER, *à Dany*.

J'aime les filles blondes, les visages lumineux, les yeux clairs, les longues jambes!

L'ARCHITECTE

Définitivement? Tiens, tiens.

DANY, *à l'Architecte*.

Je veux surtout trouver un autre travail. Je ne peux plus supporter la situation.

L'ARCHITECTE

Ah, c'est donc cela?

DANY, *à l'Architecte*.

Oui, Monsieur.

BÉRENGER, *à Dany, avec élan*.

Vous avez dit oui! Oh, Mademoiselle Dany...

L'ARCHITECTE, *à Bérenger*.

Ce n'est pas à vous, c'est à moi qu'elle s'adresse.

DANY, *à l'Architecte*.

J'espérais toujours que cela changerait. Les choses en sont toujours là. Je ne vois pas d'amélioration possible.

L'ARCHITECTE

Réfléchissez, je vous le répète, réfléchissez bien. Si vous ne faites plus partie de nos services, l'Administration ne vous prend plus sous sa protection. Le savez-vous? Êtes-vous bien consciente des dangers qui vous guettent?

DANY

Oui, Monsieur, personne n'est mieux placée que moi pour le savoir.

L'ARCHITECTE

Vous assumez les risques?

DANY, *à l'Architecte*.

Je les assume, oui, Monsieur.

BÉRENGER, *à Dany*.

Répondez-moi oui, à moi aussi. Vous dites oui si gentiment.

L'ARCHITECTE, *à Dany*.

Je décline donc toute responsabilité. Vous voilà avertie.

DANY, *à l'Architecte*.

Je ne suis pas sourde, j'ai compris, ce n'est pas la peine de me le répéter trente-six mille fois!

BÉRENGER, *à l'Architecte*.

Comme elle est douce! Exquise. *(A Dany.)* Mademoiselle, Mademoiselle, nous habiterions ici, dans ce quartier, dans cette villa! Nous serons enfin heureux.

L'ARCHITECTE, *à Dany*.

Vous ne voulez pas changer d'avis, n'est-ce pas? C'est un coup de tête insensé!

DANY, *à l'Architecte*.

Non, Monsieur.

BÉRENGER, *à Dany*.

Oh, vous m'avez dit non?

L'ARCHITECTE, *à Bérenger*.

C'est à moi qu'elle a dit non.

BÉRENGER

Ah, vous me rassurez!

DANY, *à l'Architecte*.

Je déteste l'Administration, j'ai horreur de votre beau quartier, je n'en peux plus, je n'en peux plus!

L'ARCHITECTE, *à Dany*.

Ce n'est pas mon quartier.

BÉRENGER, *à Dany qui ne l'écoute pas.*

Répondez, belle Demoiselle, magnifique Dany,
sublime Dany... Laissez-moi vous appeler Dany.

L'ARCHITECTE, *à Dany.*

Je ne puis vous empêcher de démissionner,
partez donc, mais tenez-vous sur vos gardes. C'est
un conseil amical que je vous donne, un conseil
paternel.

BÉRENGER, *à l'Architecte.*

Vous a-t-on décoré pour vos réalisations urba-
nistiques? On aurait dû le faire.

DANY, *à l'Architecte.*

Si vous voulez, je peux terminer de taper le
courrier avant de partir.

BÉRENGER, *à l'Architecte.*

Si j'étais le maire, je vous aurais décoré, moi.

L'ARCHITECTE, *à Bérenger.*

Merci. *(A Dany.)* Merci, ce n'est pas la peine, je
me débrouillerai.

BÉRENGER, *sentant des fleurs imaginaires.*

Ça sent bon! Ce sont des lis?

L'ARCHITECTE

Non, des violettes.

DANY, *à l'Architecte.*

Je vous le proposais par gentillesse.

BÉRENGER, *à l'Architecte*.

Puis-je en offrir à Dany?

L'ARCHITECTE

Si vous voulez.

BÉRENGER, *à Dany*.

Vous ne savez pas, chère amie, chère Dany, chère fiancée, à quel point vous me manquiez!

DANY

Si c'est comme ça...

> *Avec une certaine irritation, elle prend sa ma-chine à écrire, range ses affaires avec des gestes brusques.*

BÉRENGER, *à Dany*.

Nous habiterions un appartement superbe, plein de soleil.

DANY, *à l'Architecte*.

Vous devez tout de même comprendre que je ne peux plus partager la responsabilité. C'est au-dessus de mes forces.

L'ARCHITECTE

L'Administration est irresponsable.

DANY, *à l'Architecte*.

Vous devriez prendre conscience...

L'ARCHITECTE, *à Dany*.

Ce n'est pas à vous de me donner des conseils.

C'est mon affaire. Mais, encore une fois, tenez-vous sur vos gardes!

DANY, *à l'Architecte*.

Moi non plus, je n'ai pas à écouter vos conseils. C'est mon affaire, à moi aussi.

L'ARCHITECTE, *à Dany*.

Bon, bon, bon!

DANY

Au revoir, Monsieur l'Architecte.

L'ARCHITECTE, *à Dany*.

Adieu.

DANY, *à Bérenger*.

Au revoir, Monsieur.

BÉRENGER, *courant vers Dany,*
qui se dirige vers la sortie, à droite.

Dany, Mademoiselle, ne partez pas sans donner la réponse... Et prenez ces violettes, au moins! *(Dany sort. Bérenger, les bras ballants, est près de la sortie.)* Oh... *(A l'Architecte.)* Vous qui connaissez le cœur humain, quand une femme ne répond ni oui ni non, cela veut dire « oui » n'est-ce pas? *(En direction de la coulisse de droite.)* Vous serez mon inspiratrice, vous serez ma muse. Je travaillerai. *(Tandis qu'on entend un vague écho répétant ces dernières syllabes, Bérenger fait deux pas vers l'Architecte et montre dans le vide.)* Je ne renonce pas. Je m'installe ici, avec Dany. J'achèterai cette maison blanche, au milieu de la verdure et qui a l'air d'être abandonnée par ses constructeurs... Je n'ai pas beaucoup d'argent, vous m'accorderez des facilités de paiement.

L'ARCHITECTE

Si vous y tenez toujours! Si vous n'allez pas vous raviser.

BÉRENGER

J'y tiens absolument. Et pourquoi me raviser? Je veux être, avec votre permission, un citoyen de la cité radieuse. Je m'installe dès demain, même si la maison n'est pas encore tout à fait terminée.

L'ARCHITECTE *regarde sa montre.*

Midi trente-cinq.

> *Soudain, bruit d'une pierre qui tombe à deux pas de Bérenger, entre celui-ci et l'Architecte.*

BÉRENGER

Oh! *(Léger mouvement de recul de Bérenger.)* Une pierre!

L'ARCHITECTE, *sans étonnement, impassible.*

Oui. Une pierre!

BÉRENGER *se penche, ramasse la pierre, se relève et la contemple dans sa main.*

C'est une pierre!

L'ARCHITECTE

Vous n'en aviez jamais vu?

BÉRENGER

Si... si... Comment? On nous jette des pierres?

L'ARCHITECTE

Une pierre, une seule pierre, non pas *des* pierres!

BÉRENGER

Je comprends, on nous a jeté *une* pierre.

L'ARCHITECTE

Ne vous inquiétez pas. Vous ne serez pas lapidé. La pierre vous a-t-elle atteint? Non, n'est-ce pas?

BÉRENGER

Elle aurait pu.

L'ARCHITECTE

Mais non, mais non, voyons. *Elle ne peut pas* vous atteindre. C'est pour vous taquiner.

BÉRENGER

Ah! Bon!... Si ce n'est que pour me taquiner, il faut admettre la plaisanterie! *(Il laisse retomber la pierre.)* Je n'ai pas mauvais caractère. Surtout dans ce cadre, rien ne peut troubler la bonne humeur. Elle m'écrira, n'est-ce pas? *(Il regarde tout autour avec une légère inquiétude.)* C'est très reposant, ici, c'est fait exprès. Un peu trop, tout de même, qu'en dites-vous? Pourquoi ne voit-on absolument personne dans les rues? Nous sommes vraiment les seuls promeneurs!... Ah, oui, sans doute, c'est parce que c'est l'heure du déjeuner. Les gens sont tous à table. Pourquoi, cependant, ne s'entendent pas les rires des repas, le tintement des cristaux? Pas un bruit, pas un murmure, pas une voix qui chante. Et toutes les fenêtres sont fermées! *(Il jette un regard surpris dans le vide du plateau.)* Je ne m'en étais pas aperçu. Dans un rêve cela se comprend, mais pas dans la réalité.

L'ARCHITECTE

C'était tout de même frappant!

On entend un bruit de vitres cassées.

BÉRENGER

Que se passe-t-il encore?

L'ARCHITECTE, *prenant de nouveau l'appareil de sa poche, à Bérenger.*

C'est simple. Vous ne savez pas ce que c'est? Un carreau cassé. Une pierre a dû le traverser. *(Second bruit de vitre brisée; Bérenger a un mouvement plus accentué de recul; l'Architecte au téléphone.)* Deux carreaux de cassés.

BÉRENGER

Qu'est-ce que cela veut dire? Une plaisanterie, n'est-ce pas? Deux plaisanteries! *(Une autre pierre fait tomber le chapeau de Bérenger; il le ramasse vivement, le remet sur sa tête, en s'écriant :)* Trois plaisanteries!

L'ARCHITECTE, *remettant l'appareil dans sa poche, fronçant les sourcils.*

Écoutez-moi, Monsieur. Nous ne sommes pas des

gens d'affaires. Nous sommes des fonctionnaires, des administrateurs. Je dois donc vous dire, officiellement, administrativement, que la maison qui a l'air abandonnée, est réellement abandonnée par ses constructeurs. La police a suspendu toutes les constructions. Je le savais déjà. D'autre part, je viens d'en recevoir la confirmation téléphonique.

BÉRENGER

Comment cela? Pourquoi?

L'ARCHITECTE

La mesure est superflue, d'ailleurs, car, à part vous, plus personne ne veut acheter des lotissements. Sans doute, n'êtes-vous pas au courant de la chose...

BÉRENGER

De quelle chose?

L'ARCHITECTE

Les habitants du quartier voudraient même le quitter...

BÉRENGER

Quitter le quartier radieux? Les habitants veulent quitter...

L'ARCHITECTE

Oui. Ils n'ont pas où loger autre part. Sans cela, ils auraient tous plié bagage. Peut-être aussi se font-ils un point d'honneur de ne pas fuir. Ils préfèrent rester cachés dans leurs beaux apparte-

ments. Ils n'en sortent qu'en cas d'extrême nécessité, par groupes de dix ou quinze. Et même alors
le danger n'est pas écarté...

BÉRENGER

De quel danger parlez-vous? C'est encore une
plaisanterie, n'est-ce pas?... Pourquoi prenez-
vous cet air si grave? Vous assombrissez le paysage! Vous voulez m'effrayer!...

L'ARCHITECTE, *solennel*.

Un fonctionnaire ne plaisante pas.

BÉRENGER, *désolé*.

Que me racontez-vous donc? Vous m'avez
touché au cœur! C'est vous-même qui venez de
me lancer la pierre... Moralement, bien sûr,
moralement! Hélas, je me sentais déjà enraciné
dans ce paysage! Il n'a plus pour moi, à présent,
qu'une clarté morte, il n'est plus qu'un cadre
vide... Je me sens hors de tout!

L'ARCHITECTE

J'en suis navré. Ne vacillez pas, voyons!

BÉRENGER

Je pressens des choses épouvantables.

L'ARCHITECTE

J'en suis navré, j'en suis navré.

> *Pendant les répliques qui précèdent et qui
> suivent, le jeu ne doit pas se départir d'une demi-
> ironie, surtout dans les moments pathétiques, afin
> de les contrebalancer.*

BÉRENGER

Je me sens de nouveau envahi par la nuit intérieure!

L'ARCHITECTE, *sec.*

J'en suis navré, j'en suis navré, j'en suis navré!

BÉRENGER

Expliquez-vous, je vous implore. Moi qui espérais passer une bonne journée!... J'étais si heureux, il y a quelques instants!

L'ARCHITECTE, *montrant du doigt.*

Vous voyez ce bassin?

> *Le bassin réapparaît, précis, cette fois.*

BÉRENGER

C'est celui près duquel nous étions passés tout
à l'heure!

L'ARCHITECTE

Je voulais vous montrer... Vous avez préféré
les aubépines... *(Il montre encore le bassin.)* C'est
là, là-dedans, qu'on en trouve tous les jours, deux
ou trois, noyés.

BÉRENGER

Des noyés?

L'ARCHITECTE

Venez donc voir, si vous ne me croyez pas.
Approchez-vous, approchez-vous!

BÉRENGER, *se dirigeant, avec l'Architecte,*
vers l'endroit indiqué ou au-devant du public,
tandis que les choses dont on parle
apparaîtront à mesure qu'on en parlera.

Approchons-nous!...

L'ARCHITECTE

Regardez. Que voyez-vous?

BÉRENGER

Ah, ciel!

L'ARCHITECTE

Ne vous évanouissez pas, voyons, vous êtes un homme!

BÉRENGER, *avec effort.*

J'aperçois... Est-ce possible... Oui, j'aperçois, flottant sur l'eau, le cadavre d'un petit garçon dans son cerceau... un garçonnet de cinq ou six ans... Il tient un bâtonnet dans sa main crispée... A côté, le corps, tout gonflé, d'un officier du génie, en grand uniforme...

L'ARCHITECTE

Il y en a même trois, aujourd'hui. *(Montrant du doigt.)* Là!

BÉRENGER

C'est de la végétation aquatique!

L'ARCHITECTE

Regardez mieux.

BÉRENGER

Mon Dieu!... Oui... Je vois! C'est une cheve-
lure rousse qui émerge du fond, elle est accrochée
sur le marbre qui borde la pièce d'eau. Quelle
horreur! C'est une femme, sans doute.

L'ARCHITECTE, *haussant les épaules.*

Évidemment. L'autre, c'est un homme. Et
l'autre, un enfant. Nous n'en savons pas davantage, nous non plus.

BÉRENGER

C'est peut-être la mère du petit! Les pauvres!
Pourquoi ne me l'avez-vous pas dit plus tôt!

L'ARCHITECTE

Puisque je vous dis que vous m'avez tout le
temps empêché et que vous étiez tout le temps
attiré par les beautés du paysage!

BÉRENGER

Les pauvres! *(Violent.)* Qui a fait cela?

L'ARCHITECTE

L'assassin, l'apache. Toujours le même personnage. Insaisissable!

BÉRENGER

Mais notre vie est menacée! Allons-nous-en!
*(Il s'enfuit; il court quelques mètres sur le plateau,
revient vers l'Architecte qui ne bouge pas.)* Allons-
nous-en! *(Fuite de Bérenger. Il ne fait que tourner
autour de l'Architecte qui sort une cigarette, l'allume; on
entend un coup de feu.)* Il a tiré!

L'ARCHITECTE

Ne vous effrayez pas! Avec moi, vous ne courez
aucun danger.

BÉRENGER

Et ce coup de feu? Oh, non... non... je ne suis
pas rassuré!

Bérenger s'agite, tremble.

L'ARCHITECTE

C'est pour jouer... Oui... Maintenant, c'est
pour jouer, pour vous taquiner! Je suis l'Architecte
de la ville, fonctionnaire municipal, il ne s'attaque pas à l'Administration. Lorsque je serai à
la retraite, cela changera, mais, pour le moment...

BÉRENGER

Allons-nous-en. Éloignons-nous. J'ai hâte de
quitter votre beau quartier...

L'ARCHITECTE

Tiens! Vous voyez bien que vous avez changé
d'avis!

BÉRENGER

Il ne faut pas m'en vouloir!

L'ARCHITECTE

Cela m'est égal. On ne m'a pas demandé de
recruter des volontaires obligatoires, de les forcer
d'habiter librement cet endroit. Personne n'est
tenu de vivre dangereusement, si on n'aime pas

cela!... On démolira le quartier lorsqu'il sera complètement dépeuplé.

BÉRENGER, *qui se dépêche toujours,*
en tournant autour de l'Architecte.

Il sera dépeuplé?

L'ARCHITECTE

Les gens se décideront bien à le quitter, finalement... ou alors, ils seront tous tués. Oh, cela mettra un certain temps...

BÉRENGER

Partons, partons vite. *(Il tourne en rond, de plus en plus vite, tête baissée.)* Les riches ne sont pas toujours heureux, non plus, ni les habitants des quartiers résidentiels... ni les radieux!... Il n'y a pas de radieux!... c'est encore pire que chez les autres, chez nous, les fourmis!... Ah, Monsieur l'Architecte, j'en ressens une telle détresse. Je me sens meurtri, fourbu!... Ma fatigue m'a repris... L'existence est vaine! A quoi bon tout, à quoi bon tout si ce n'est que pour en arriver là? Empêchez cela, empêchez cela, Monsieur le Commissaire.

L'ARCHITECTE

Facile à dire.

BÉRENGER

Sans doute, êtes-vous aussi commissaire du quartier?

L'ARCHITECTE

En effet, j'exerce également cette fonction.
Comme tout architecte spécial.

BÉRENGER

Vous espérez bien l'arrêter, avant de prendre
votre retraite?

L'ARCHITECTE, *froidement, ennuyé.*

Vous pensez bien que nous faisons tout ce que
nous pouvons!... Attention, pas par là, vous allez
vous égarer, vous tournez tout le temps en rond,
vous revenez tout le temps sur vos pas!

BÉRENGER, *montrant du doigt, tout près de lui.*

Aïe! C'est toujours le même bassin?

L'ARCHITECTE

Un seul lui suffit.

BÉRENGER

Ce sont les mêmes noyés que tout à l'heure?

L'ARCHITECTE

Trois par jour, c'est une bonne moyenne, n'exagé-
rons rien!

BÉRENGER

Guidez-moi!... Sortons!...

L'ARCHITECTE, *le prenant par le bras, le guidant.*

Par là!

BÉRENGER

La journée avait si bien commencé! Je verrai toujours ces noyés, leur image ne quittera plus ma mémoire!

L'ARCHITECTE

Émotif comme vous l'êtes!

BÉRENGER

Tant pis, mieux vaut tout connaître, mieux vaut tout connaître!

> *Changement d'éclairage. Lumière grise, légers bruits de la rue et du tramway.*

L'ARCHITECTE

Et voilà. Nous ne sommes plus dans la cité radieuse, nous avons franchi la grille. *(Il lâche le bras de Bérenger.)* Nous sommes sur le boulevard extérieur. Vous voyez, là? Vous avez votre tramway. C'est l'arrêt.

BÉRENGER

Où donc?

L'ARCHITECTE

Là où se trouvent ces gens qui attendent. C'est le terminus. Le tramway repart en sens inverse, il vous transporte directement à l'autre bout de la ville, chez vous!

> *On peut apercevoir, en perspective, quelques rues sous un ciel de pluie, des silhouettes, de vagues lumières rouges. Le décorateur devra faire*

en sorte que tout devienne, TRÈS PROGRESSIVE-
MENT, *plus réel. Le changement doit s'effectuer
par l'éclairage et avec très peu d'éléments scé-
niques : des enseignes et des réclames lumineuses,
dont celle d'un bistrot, à gauche, doivent apparaître graduellement, l'une après l'autre, pas plus
que trois ou quatre en tout.*

BÉRENGER

Je suis glacé.

L'ARCHITECTE

En effet, vous grelottez!

BÉRENGER

C'est l'émotion.

L'ARCHITECTE

C'est le froid, aussi. *(Il tend la main pour sentir
les gouttes de pluie.)* Il pleut. De l'eau mêlée de
neige. *(Bérenger manque de glisser.)* Attention, ça
glisse, le pavé est mouillé.

Il le retient.

BÉRENGER

Merci.

L'ARCHITECTE

Mettez votre pardessus. Vous allez vous enrhu-
mer.

BÉRENGER

Merci. *(Il remet son pardessus, noue son cache-nez*

autour du cou, fiévreusement.) Brrr. Adieu, Monsieur le Commissaire!

L'ARCHITECTE

Vous n'allez pas rentrer tout de suite chez vous! Personne ne vous attend. Vous avez bien le temps de boire un verre. Cela vous fera du bien. Allez, laissez-vous faire, c'est l'heure de mon apéritif. Il y a un bistrot, là, près de l'arrêt, à deux pas du cimetière, on y vend aussi des couronnes.

BÉRENGER

Vous me semblez avoir repris votre bonne humeur. Moi, pas.

L'ARCHITECTE

Je ne l'ai jamais perdue.

BÉRENGER

Malgré...

L'ARCHITECTE, *l'interrompant,*
tandis qu'apparaît l'enseigne du bistrot.

Il faut regarder la vie en face, voyons! *(Il met la main sur la poignée d'une porte imaginaire, sous l'enseigne du bistrot.)* Entrons dans la boutique.

BÉRENGER

Je n'ai guère envie...

L'ARCHITECTE

Allez, passez.

BÉRENGER

Après vous, Monsieur le Commissaire.

L'ARCHITECTE

Passez, passez, je vous en prie. *(Il le pousse. Bruit de la porte du bistrot. Ils entrent dans la boutique : cela peut être le coin du plateau où se trouvaient, tout à l'heure, la serre imaginaire, puis le bureau imaginaire de l'Architecte. Ils iront s'asseoir sur deux chaises, devant la petite table. Ils se trouvent, sans doute, près des grands carreaux de la boutique. Dans le cas où on aura fait disparaître la table et les chaises de tout à l'heure, une table pliante peut être apportée par le patron, lorsqu'il fera son apparition. Deux chaises pliantes peuvent aussi être prises par terre, par Bérenger et l'Architecte.)* Asseyez-vous, asseyez-vous. *(Ils s'assoient.)* Vous en avez une tête. Ne vous en faites donc pas comme cela! Si on pensait à tous les malheurs de l'humanité, on ne vivrait pas. Il faut vivre! Tout le temps il y a des enfants égorgés, des vieillards affamés, des veuves lugubres, des orphelines, des moribonds, des erreurs judiciaires, des maisons qui s'effondrent sur les gens qui les habitent... des montagnes qui s'écroulent... et des massacres, et des déluges, et des chiens écrasés... De cette façon, les journalistes peuvent gagner leur pain. Toute chose a son bon côté. Finalement, c'est le bon côté qu'il faut retenir.

BÉRENGER

Oui, Monsieur le Commissaire, oui... mais avoir vu cela de près, de mes yeux vu... je ne puis demeurer indifférent. Vous, vous avez peut-être l'habitude, dans votre double profession.

L'ARCHITECTE, *donnant une grosse tape
sur l'épaule de Bérenger.*

Vous êtes trop impressionnable, je vous l'ai déjà dit. Il faut s'y faire. Allez, allez, un peu d'énergie, un peu de volonté! *(Il lui donne une nouvelle grosse tape sur l'épaule. Bérenger manque de dégringoler avec sa chaise.)* Vous avez l'air bien portant, quoi que vous en disiez, et malgré votre mine déconfite! Vous êtes sain d'esprit et de corps!

BÉRENGER

Je ne dis pas le contraire. Les maux dont je souffre ne sont pas apparents, ils sont théoriques, spirituels.

L'ARCHITECTE

Je comprends cela.

BÉRENGER

Vous êtes ironique.

L'ARCHITECTE

Je ne me le permettrais pas. Des cas comme le vôtre, j'en ai vu pas mal, chez mes clients.

BÉRENGER

Ah oui, vous êtes aussi médecin.

L'ARCHITECTE

A mes heures perdues. Je fais un peu de médecine générale, j'ai remplacé un psychanalyste, j'ai été l'assistant d'un chirurgien, dans ma jeunesse, j'ai aussi étudié la sociologie... Allez, nous allons tâcher de vous consoler. *(Frappant dans ses mains.)* Patron!

BÉRENGER

Je ne suis pas, comme vous, un homme complet.

On entend, venant de la coulisse gauche, la voix d'un clochard.

VOIX DU CLOCHARD, *chantant :*

En quitta-ant la mari-ine-e
J'épousai-ai Marine-ette-e!

VOIX DU PATRON, *grosse voix :*

Tout de suite, Monsieur le Commissaire! *(Changement de ton. Au Clochard, toujours en coulisse :)* Fous-moi le camp d'ici, va te saouler ailleurs!

VOIX DU CLOCHARD, *pâteuse :*

C'est pas la peine, je suis déjà saoul!

Poussé brutalement par le Patron, gros personnage brun, gros bras poilus, le Clochard, ivre, apparaît par la gauche.

LE CLOCHARD

Je me suis saoulé chez vous, j'ai payé, fallait pas me donner à boire!

LE PATRON

Fous le camp, je te dis! *(A l'Architecte :)* Mes respects, Monsieur le Commissaire!

L'ARCHITECTE, *à Bérenger*.

Vous voyez... Nous ne sommes plus dans le beau quartier, les mœurs sont déjà plus rudes.

LE CLOCHARD, *toujours poussé par le Patron*.

Ben quoi!

BÉRENGER, *à l'Architecte*.

Je m'en aperçois.

LE PATRON, *au Clochard*.

Allez... Tu vois, Monsieur le Commissaire il est là!

LE CLOCHARD

Je fais du mal à personne!

Toujours poussé, il trébuche, tombe de tout son long, se relève sans protester.

L'ARCHITECTE, *au Patron*.

Deux verres de beaujolais.

LE PATRON

Entendu. Pour vous, j'en ai du vrai. *(Au Clochard qui se relève :)* Sors et ferme ta porte, que je ne t'y reprenne plus!

Il sort à gauche.

L'ARCHITECTE, *à Bérenger*.

Toujours abattu?

BÉRENGER, *geste dans le vague, désemparé.*

Que voulez-vous?

Apparaît le Patron avec les deux verres de vin, tandis que le Clochard mime la fermeture de la porte et quitte la boutique.

LE PATRON

Voici vos beaujolais, Monsieur le Commissaire!

LE CLOCHARD, *toujours titubant, sort de scène, par la droite, en chantonnant :*

En quitta-ant la mari-in-e,
J'épousai-ai Marine-ett-e!

LE PATRON, *à l'Architecte.*

Vous voulez casser la croûte, Monsieur le Commissaire?

L'ARCHITECTE

Donnez-nous deux sandwiches.

LE PATRON

J'ai un pâté de lapin épatant, c'est du pur porc!

Bérenger fait mine de vouloir payer.

L'ARCHITECTE, *posant la main sur le bras de Bérenger pour l'en empêcher.*

Laissez, laissez, c'est ma tournée! *(Au Patron.)* C'est ma tournée!

LE PATRON

Bien, Monsieur le Commissaire!

> *Il sort à gauche. L'Architecte avale une gorgée de vin. Bérenger n'y touchera pas.*

BÉRENGER, *après un court silence.*

Au moins, si vous aviez son signalement!

L'ARCHITECTE

Mais nous l'avons. Du moins celui sous lequel il opère! Son portrait est affiché sur tous les murs. Nous avons fait de notre mieux.

BÉRENGER

Comment l'avez-vous eu?

L'ARCHITECTE

On l'a trouvé, sur des noyés. Quelques-unes de ses victimes, rappelées à la vie pour un moment, ont pu même nous fournir des précisions supplémentaires. Nous savons aussi comment il s'y prend. Tout le monde le sait, d'ailleurs, dans le quartier.

BÉRENGER

Mais alors, pourquoi ne sont-ils pas plus prudents? Ils n'ont qu'à l'éviter.

L'ARCHITECTE

Ce n'est pas si simple. Je vous le dis, il y en a toujours, tous les soirs, deux ou trois qui tombent dans le piège.

BÉRENGER

Je n'arrive pas à comprendre! *(L'Architecte avale une nouvelle gorgée de vin. Le Patron apporte les deux sandwiches et sort.)* Je suis stupéfait... Et l'histoire a plutôt l'air de vous amuser, Monsieur le Commissaire.

L'ARCHITECTE

Que voulez-vous? C'est tout de même assez intéressant! Tenez, c'est là... Regardez par la fenêtre. *(Il fait mine d'écarter un rideau imaginaire, ou, peut-être, aura-t-on pu faire se dérouler un rideau; l'Architecte montre du doigt vers la gauche.)* ... Vous voyez... C'est là, à l'arrêt du tramway qu'il fait son coup. Lorsque des passagers en descendent pour rentrer chez eux, car les voitures individuelles ne circulent que dans la cité radieuse, il va à leur rencontre, déguisé en mendiant. Il pleurniche, comme ils font tous, demande l'aumône, tâche de les apitoyer. C'est le truc habituel. Il sort de l'hôpital, n'a pas de travail, en cherche, n'a pas où passer la nuit. Ce n'est pas cela qui réussit, ce n'est qu'une entrée en matière. Il flaire, il choisit la bonne âme, entame la conversation avec elle, s'accroche, ne la lâche pas d'une semelle. Il propose de lui vendre des menus objets qu'il sort de son panier, des fleurs artificielles, des ciseaux, des bonnets de nuit anciens, des cartes... des cartes postales... des cigarettes américaines... des miniatures obscènes, n'importe quoi. Généralement, ses services sont refusés, la bonne âme se dépêche, elle n'a pas le temps. Tout en marchandant, il arrive avec elle près

du bassin que vous connaissez. Alors, tout de
suite, c'est le grand moyen : il offre de lui montrer la photo du colonel. C'est irrésistible.
Comme il ne fait plus très clair, la bonne âme
se penche, pour mieux voir. A ce moment, elle
est perdue. Profitant de ce qu'elle est confon-
due dans la contemplation de l'image, il la pousse,
elle tombe dans le bassin, elle se noie. Le coup
est fait, il n'a plus qu'à s'enquérir d'une nouvelle
victime.

BÉRENGER

Ce qui est extraordinaire, c'est qu'on le sache
et qu'on se laisse surprendre quand même.

L'ARCHITECTE

C'est un piège, que voulez-vous! Il n'a jamais
été pris sur le fait.

BÉRENGER

Incroyable, incroyable!

L'ARCHITECTE

Et pourtant vrai! *(Il mord dans son sandwich.)*
Vous ne buvez pas? Vous ne mangez pas? *(Bruit
du tramway qui arrive à la station. Bérenger, instinc-
tivement, redresse vivement la tête, va écarter le rideau
pour regarder par la fenêtre, en direction de l'arrêt du
tramway.)* C'est le tramway qui arrive.

BÉRENGER

Des groupes de gens en descendent!

L'ARCHITECTE

Mais oui. Ce sont les habitants du quartier.
Ils rentrent.

BÉRENGER

Je n'y vois aucun mendiant.

L'ARCHITECTE

Vous ne le verrez pas. Il ne se montrera pas.
Il sait que nous sommes là.

BÉRENGER, *tournant le dos à la fenêtre*
et venant s'asseoir, de nouveau;
à l'Architecte, qui a également le dos tourné à la fenêtre.

Peut-être feriez-vous bien de poster, à cet
endroit, un inspecteur en civil, de façon perma-
nente.

L'ARCHITECTE

Vous voulez m'apprendre mon métier. Techniquement, cela n'est pas possible. Nos inspecteurs
sont débordés, ils ont autre chose à faire. D'ailleurs, eux aussi voudraient voir la photo du colonel. Il y en a eu déjà cinq de noyés, comme cela.
Ah... si nous avions les preuves, nous saurions
où le trouver!

Soudain, un cri se fait entendre, ainsi que le
bruit sourd d'un corps tombant dans l'eau.

BÉRENGER, *se levant en sursaut.*

Vous avez entendu?

L'ARCHITECTE, *assis, mordant dans son pain.*

Il a encore fait son coup. Vous voyez comme

c'est facile de l'en empêcher! A peine avez-vous
tourné le dos, une seconde d'inattention, et ça
y est... Une seconde, il ne lui en faut pas plus.

BÉRENGER

C'est terrible, c'est terrible!

> *On entend des murmures, des voix agitées en
> provenance des coulisses, des bruits de pas, le
> bruit d'un car de police qui freine brusquement.*

BÉRENGER, *se tordant les mains.*

Faites quelque chose, quelque chose... Inter-
venez, agissez!

L'ARCHITECTE, *calme, toujours assis,*
son sandwich dans la main, après avoir bu une gorgée.

C'est bien trop tard. Il nous a eus par surprise,
une fois de plus...

BÉRENGER

Ce n'est peut-être qu'une grosse pierre qu'il
aura jetée à l'eau... pour nous taquiner!

L'ARCHITECTE

Cela m'étonnerait. Et le cri? *(Entre le Patron,
par la gauche.)* Nous saurons tout, d'ailleurs. Voici
notre indicateur!

LE PATRON

C'est la jeune fille, la blonde...

BÉRENGER

Dany? Mademoiselle Dany? Ce n'est pas possible!

L'ARCHITECTE

Si. Pourquoi pas. C'est ma secrétaire, mon ex-secrétaire. Je lui avais pourtant bien déconseillé de quitter mon service. Elle était à l'abri.

BÉRENGER

Mon Dieu, mon Dieu, mon Dieu!

L'ARCHITECTE

Elle était dans l'Administration! Il ne s'attaque pas à l'Administration! Mais non, elle a voulu sa « liberté »! Ça lui apprendra. Elle l'a maintenant, sa liberté. Je m'y attendais...

BÉRENGER

Mon Dieu, mon Dieu! La malheureuse... Elle n'a pas eu le temps de me dire « oui »!...

L'ARCHITECTE, *continuant.*

J'étais même sûr que cela lui arriverait! Ou alors ne pas mettre le nez dans le quartier, une fois qu'elle aurait quitté l'Administration.

BÉRENGER

Mademoiselle Dany!! Mademoiselle Dany!! Mademoiselle Dany!!

Ton des lamentations.

L'ARCHITECTE, *continuant.*

Ah! la manie des gens d'en faire à leur tête et surtout, surtout, la manie des victimes de toujours revenir sur les lieux du crime! C'est comme cela qu'elles se font prendre!

BÉRENGER, *sanglotant presque.*

Ooh! Monsieur le Commissaire, Monsieur le Commissaire, c'est Mademoiselle Dany, Mademoiselle Dany!

Il s'écroule sur sa chaise, effondré.

L'ARCHITECTE, *au Patron.*

Que l'on fasse le procès-verbal, pour la forme. *(Il prend, dans sa poche, l'appareil téléphonique.)* Allô?... Allô?... Encore un... c'est une jeune femme... Dany... celle qui travaillait chez nous... Pas de flagrant délit... Des suppositions... les mêmes... oui!... Un instant!

Il pose l'appareil sur la table, car :

BÉRENGER *se lève brusquement.*

On ne peut pas, on ne doit pas laisser cela comme ça! Ça ne peut plus aller! Ça ne peut plus aller!

L'ARCHITECTE

Calmez-vous. Nous sommes tous mortels. Ne compliquez pas la marche de l'enquête!

BÉRENGER *sort en courant,*
claquant la porte imaginaire de la boutique,
qui s'entend cependant.

Ça n'ira pas comme ça! Il faut faire quelque chose! Il faut, il faut, il faut!

Il sort de scène, par la droite.

LE PATRON

Au revoir, Monsieur! *(A l'Architecte.)* Il pourrait dire « au revoir ».

L'ARCHITECTE, *assis, le suit du regard, ainsi que le Patron qui est debout, les bras croisés ou les mains sur les hanches; puis, une fois que Bérenger est sorti, l'Architecte boit d'un trait le reste de son vin et dit au Patron en montrant le verre plein de Bérenger.*

Buvez-le! Prenez aussi le sandwich!

Le Patron s'assoit à la place de Bérenger.

L'ARCHITECTE, *au téléphone.*

Allô! Pas de preuves! Classez l'affaire!

Il remet l'appareil dans sa poche.

LE PATRON, *buvant.*

A la vôtre!

Il entame le sandwich.

RIDEAU

ACTE II

DÉCOR

La chambre de Bérenger. Pièce obscure, basse de plafond, avec, face à la fenêtre, un centre plus lumineux.
Près de cette fenêtre large et basse, un bahut. A la droite
du bahut, un recoin sombre; dans ce recoin très obscur,
un fauteuil de style régence, en assez mauvais état, dans
lequel, au lever du rideau, silencieux, Édouard est assis.
Au début de l'acte, celui-ci ne se voit pas, le fauteuil non
plus, à cause de l'obscurité qui règne dans la chambre de
Bérenger située au rez-de-chaussée. Au milieu, dans la
partie un peu plus claire, devant la fenêtre, une grande
table, avec des cahiers, des papiers, un livre, un encrier,
un porte-plume de fantaisie, imitant une plume d'oie.

Un fauteuil rouge, usé, auquel il manque un bras, à
un mètre de la table, à gauche. Des recoins sombres
encore, dans le mur de gauche.

Dans le reste de la pièce, dans la pénombre, on aperçoit les contours de vieux meubles : un vieux secrétaire,
une commode, au-dessus de laquelle se trouve, accrochée
au mur, une tapisserie usée. Il y a encore une chaise ou
un autre fauteuil rouge. Près de la fenêtre, à droite,
une petite table, un tabouret, une étagère avec quelques
livres. Sur la planche supérieure, un vieux gramophone.

Au premier plan, à gauche, la porte donnant sur le palier. Pendu au plafond, un lustre ancien : par terre un vieux tapis décoloré. Sur le mur de droite, une glace au cadre baroque, qui brille à peine au début de l'acte, si bien que l'on ne saura pas encore, au début de cet acte, de quel objet il s'agit. Sous la glace, une vieille cheminée.

Par la fenêtre, dont les rideaux sont écartés, on voit la rue, les fenêtres du rez-de-chaussée d'en face, une partie de la devanture d'une épicerie.

Le décor du deuxième acte est lourd, laid, et contraste fortement avec l'absence de décor ou le décor fait uniquement de lumières du premier acte.

Au lever du rideau, la fenêtre éclaire, d'une lumière blafarde, jaunâtre, le centre du plateau avec la table du milieu. Les murs de la maison d'en face sont d'une couleur gris sale. Dehors, le temps est sombre, il neige et il pleut finement.

Assis dans le fauteuil, dans le coin le plus sombre de la chambre de Bérenger, à droite de la fenêtre, Édouard ne se voit et ne s'entend pas au début de l'acte. On le verra, plus tard, après l'arrivée de Bérenger, mince, très pâle, l'air fiévreux, vêtu de noir, crêpe de deuil à son bras droit, chapeau noir de feutre, pardessus noir, souliers noirs, chemise blanche au col amidonné, cravate noire. De temps en temps, mais toujours seulement après l'arrivée de Bérenger, Édouard toussera ou toussotera, de temps à autre; il crachera dans un grand mouchoir blanc, bordé de noir, qu'il remettra délicatement dans sa poche. Quelques instants avant le lever du rideau, puis au lever du rideau, on entend, venant de gauche, c'est-à-dire du palier de l'immeuble, la voix de la Concierge.

VOIX DE LA CONCIERGE, *chantant.*

Quand il fait froid, il fait pas chaud,
Quand il fait chaud, c'est qu'il fait froid!

Ah là là, on peut balayer tant qu'on peut, c'est sale toute la journée avec leur poussière de charbon et leur neige!

Bruit du balai qui cogne la porte puis, de nouveau, on entend chanter la Concierge.

Quand il fait froid, il fait pas chaud,
Quand il fait chaud, c'est qu'il fait froid!
Quand il fait froid, est-ce qu'il fait chaud?
Quand il fait chaud, fait-il donc froid?
Que fait-il donc quand il fait froid?

En même temps que le chant de la Concierge, on entend des coups de marteau venant de l'étage supérieur, un poste de T.S.F. en marche, des bruits, tantôt se rapprochant, tantôt s'éloignant, de camions et de motocyclettes; à un moment donné, on entendra, également, les bruits d'une cour d'école pendant la récréation : tout cela un peu déformé, caricaturé, les cris des écoliers doivent ressembler à des glapissements : il s'agit donc d'un enlaidissement mi-désagréable, mi-comique du vacarme.

VOIX D'UN HOMME,
*précédée de bruits de pas dans l'escalier,
des aboiements d'un chien.*

Bonjour, Madame la Concierge.

VOIX DE LA CONCIERGE

Bonjour, Monsieur Lelard! Vous partez bien tard, aujourd'hui!

VOIX D'UN HOMME

J'ai eu du travail à la maison. J'ai dormi. Maintenant, ça va. mieux. Je vais porter mes lettres à la poste.

VOIX DE LA CONCIERGE

Drôle de métier! Toujours dans vos paperasses! Vous devez penser tout le temps, pour écrire vos lettres.

VOIX D'UN HOMME

Ce n'est pas pour écrire, c'est pour les envoyer que je dois penser.

VOIX DE LA CONCIERGE

Dame! Il faut savoir à qui on les envoie! On peut pas les envoyer à n'importe qui! Il faut pas non plus que ce soit les mêmes personnes!

VOIX D'UN HOMME

Il faut bien gagner sa vie, à la sueur de son front, comme dit le prophète.

VOIX DE LA CONCIERGE

Aujourd'hui, il y a trop d'instruction, c'est pour cela que ça va mal. Même pour balayer, c'est moins commode qu'avant.

VOIX D'UN HOMME

Il faut bien gagner sa vie quand même, pour payer les impôts.

VOIX DE LA CONCIERGE

Le meilleur métier c'est d'être ministre. Ceux-là, ils paient pas leurs impôts, ils les touchent.

VOIX D'UN HOMME

Eux aussi, les pauvres, doivent gagner leur vie, comme tout le monde.

VOIX DE LA CONCIERGE

Ma foi, les riches, ils sont peut-être aussi pauvres que nous, s'il en reste, de ces temps-ci.

VOIX D'UN HOMME

Dame, c'est cela la vie!

VOIX DE LA CONCIERGE

Dame, oui, hélas!

VOIX D'UN HOMME

Dame oui, Madame.

VOIX DE LA CONCIERGE

Dame oui, Monsieur. On se donne un mal de chien pour aller tous au même endroit, dans le trou. C'est là qu'est mon mari, il est mort depuis quarante ans, c'était hier. *(Aboiement du chien dans l'entrée.)* Ta gueule, Trésor. *(Elle doit donner un coup de balai à son chien, car on entend ses cris plaintifs. Claquement d'une porte.)* Rentre chez toi. *(Au Mon-*

sieur, sans doute.) Allez, au revoir, Monsieur Lelard.
Attention, ça glisse, dehors, c'est tout mouillé les
trottoirs. Ah! ce temps de chien!

VOIX D'UN HOMME

Justement. On parlait de la vie. Il faut être philosophe, Madame la Concierge, que voulez-vous!

VOIX DE LA CONCIERGE

Ne m'en parlez pas des philosophes, je m'étais
mis dans la tête de suivre les conseils des stoïciens,
et de faire dans la contemplation. Ils m'ont rien
appris, pas même Marc-Aurèle. Ça ne sert à rien,
finalement. Il était pas plus malin que vous et
moi. Il faut trouver chacun sa solution. S'il y en
avait, mais y en a pas.

VOIX D'UN HOMME

Dame...

VOIX DE LA CONCIERGE

Et pas avoir de sentiments, où les caser ceux-là?
Ça n'entre pas dans nos échelles de valeurs.
Qu'est-ce que j'en ferais, moi, pour balayer mon
escalier?

VOIX D'UN HOMME

Je ne les ai pas lus, moi, les philosophes.

VOIX DE LA CONCIERGE

Dame, vous avez ben raison. Voilà ce que c'est
d'être quelqu'un d'instruit, comme vous. La
philosophie, c'est tout juste bon pour les éprou-

vettes. C'est pour leur donner des couleurs, même
pas.

VOIX D'UN HOMME

Faut pas dire ça.

VOIX DE LA CONCIERGE

Les philosophes, c'est seulement bon pour
nous, les concierges.

VOIX D'UN HOMME

Faut pas dire ça, Madame, c'est bon pour tout
le monde.

VOIX DE LA CONCIERGE

Je sais ce que je dis. Vous, vous ne lisez que les
bons livres. Moi, c'est les philosophes, parce que
j'ai pas d'argent, des philosophes à quatre sous.
Vous, si vous n'avez pas d'argent non plus, au
moins vous avez vos entrées à des bibliothèques.
Vous avez le choix... et à quoi ça sert, je vous le
demande, vous qui savez tout?

VOIX D'UN HOMME

Je vous le dis, la philosophie ça sert à connaître
la philosophie de la vie!

VOIX DE LA CONCIERGE

Je m'y suis faite à la philosophie de la vie!

VOIX D'UN HOMME

C'est une vertu, Madame la Concierge!

Coup de balai dans le bas de la porte de la chambre de Bérenger.

VOIX DE LA CONCIERGE

Oh là là, c'que c'est salissant cette maison! c'est la boue!

VOIX D'UN HOMME

Ce n'est pas ça qui manque. Allez, je m'en vais, cette fois, c'est urgent. Au revoir, Madame la Concierge, bon courage!

VOIX DE LA CONCIERGE

Merci, Monsieur Lelard! *(Claquement violent de la porte d'entrée.)* Ah, c'qu'il est malin, l'imbécile, il va encore casser la porte, c'est pas moi qui vais la payer!

VOIX D'UN HOMME, *poliment.*

Vous avez dit quelque chose, Madame la Concierge?

VOIX DE LA CONCIERGE, *plus poliment encore, mielleuse.*

Rien du tout, Monsieur Lelard, je causais comme ça, toute seule pour apprendre à parler! Ça passe le temps!

Coup de balai dans le bas de la porte de la chambre d'Édouard.

VOIX D'UN HOMME

Il m'avait bien semblé que vous m'appeliez. Je m'excuse.

VOIX DE LA CONCIERGE

Dame, on se trompe, Monsieur. Ça arrive! y a pas de mal! *(Nouveau claquement violent de la porte d'entrée.)* Il a fichu le camp! Ah, celui-là, on a beau lui dire cent mille fois la même chose, il comprend pas, avec ses portes. C'est à croire qu'il est sourd! Il fait semblant, il entend très bien!

Elle chante :

Quand il fait froid, il fait pas chaud...

Glapissements plus assourdis du chien.

Tais-toi, Trésor! Ah, il vaut rien ce chien-là! Attends, tu vas voir, un bon coup sur la gueule.

On entend s'ouvrir la porte de la loge. Hurlements du chien. Claquement de la même porte.

VOIX D'UN SECOND HOMME, *précédée du bruit de quelques pas; accent légèrement étranger.*

Bonjour, Madame la Concierge. Mademoiselle Colombine habite-t-elle ici?

VOIX DE LA CONCIERGE

J'connais pas ce nom-là! Y a pas d'étrangers dans la maison, c'est que des Français!

VOIX DU SECOND HOMME, *en même temps, venant du dessus, la radio se fait entendre très fort.*

On m'a pourtant dit qu'elle habitait au cinquième étage de cet immeuble.

VOIX DE LA CONCIERGE, *criant,*
pour se faire entendre :

J'connais pas ce nom-là, je vous dis!

VOIX DU SECOND HOMME

Plaît-il, Madame?

Venant de la droite, dans la rue, gros bruit
d'un camion qui, au bout de deux secondes, freine
brusquement.

VOIX DE LA CONCIERGE, *toujours criant.*

Je vous répète que je connais pas ça.

VOIX DU SECOND HOMME

C'est bien le numéro 13 de la rue La Douzaine,
cependant?

VOIX DE LA CONCIERGE, *même jeu.*

De quoi?

VOIX DU SECOND HOMME, *plus forte.*

C'est bien le numéro 13!...

VOIX DE LA CONCIERGE, *hurlant.*

Criez pas si fort. Je vous entends. Bien sûr, c'est
le numéro 13 de la rue La Douzaine. Vous savez
pas lire en français, c'est écrit sur les écriteaux!

VOIX DU SECOND HOMME

Alors, c'est tout de même ici que demeure
Mademoiselle Colombine!

VOIX D'UN CAMIONNEUR, *dans la rue.*

Apprends à conduire!

VOIX DE LA CONCIERGE

Je le sais mieux que vous!

VOIX D'UN CHAUFFEUR, *dans la rue*.

Pourquoi me tutoies-tu? Tu sais pas dire
« vous »?

VOIX DE LA CONCIERGE

Ah, j'y suis, Mademoiselle Colombine, c'est
peut-être la concubine de Monsieur Polisson?

VOIX DU CAMIONNEUR, *dans la rue*.

Salaud! Satyre!

VOIX DU SECOND HOMME

Oui... C'est ça! Pélisson!

VOIX DE LA CONCIERGE

Pélisson, Polisson, c'est pareil!

VOIX DU CHAUFFEUR, *dans la rue*.

Tu peux pas être poli? Charogne!

VOIX DE LA CONCIERGE

Alors, c'est la rouquine! Si c'est elle, elle habite
là; je vous l'avais dit pourtant! Fallait vous expliquer! Prenez l'ascenseur.

VOIX DU CAMIONNEUR, *dans la rue*.

Salaud! Mal poli!

VOIX DU CHAUFFEUR, *dans la rue*.

Salaud! Mal poli!

Bruits conjugués de l'ascenseur qui monte, de la radio, des voitures dans la rue qui repartent, puis d'une motocyclette pétaradant; on voit, en une seconde, le motocycliste passer, dans la rue, devant la fenêtre.

VOIX DE LA CONCIERGE, *fort.*

N'oubliez surtout pas de refermer la porte de l'ascenseur! *(Pour elle.)* Ils n'y pensent jamais, surtout les étrangers!

Elle chante :

On n'avance pas, sûrement, quand on piétine sur
[place.
Mais avance-t-on vraiment quand on se dé-pla-
[place?

On entend claquer la porte de la loge; la Concierge y est entrée; jappements du chien; voix plus assourdie de la Concierge :

Mais oui, mais oui, mon petit Trésor! Qui n'a pas son su-sucre? Tiens, le voilà ton su-sucre! *(Jappements.)* Ta gueule!

Hurlement du chien.
Par la gauche, dans la rue, deux passants, que l'on voit à travers la fenêtre, apparaissent. On peut aussi seulement les entendre parler, sans les voir. Il vaut mieux, cependant, les voir. Ce sont deux Vieillards, tout cassés, qui marchent péniblement, à petits pas, en s'aidant de leurs bâtons.

LE PREMIER VIEILLARD

Quel mauvais temps.

LE DEUXIÈME VIEILLARD

Quel mauvais temps.

LE PREMIER VIEILLARD

Que disiez-vous?

LE DEUXIÈME VIEILLARD

Quel mauvais temps. Que disiez-vous?

LE PREMIER VIEILLARD

Je disais : quel mauvais temps.

LE DEUXIÈME VIEILLARD

Appuyez-vous sur mon bras, pour ne pas
glisser.

LE PREMIER VIEILLARD

Appuyez-vous sur mon bras, pour ne pas glisser.

LE DEUXIÈME VIEILLARD

J'ai connu des gens très brillants, très brillants.

LE CLOCHARD *apparaît par la droite
sur le trottoir opposé. Il chante :*

En quitta-ant la mari-ine!

*Il regarde, en haut vers les fenêtres, d'où
peuvent tomber les pièces de monnaie.*

LE PREMIER VIEILLARD

Que faisaient-ils ces gens brillants?

LE DEUXIÈME VIEILLARD

Ils brillaient beaucoup!

LE CLOCHARD

J'épousai-ai Marine-ettee!

LE PREMIER VIEILLARD

Et où brillaient-ils, ces gens brillants?

> *Même jeu du Clochard.*

LE DEUXIÈME VIEILLARD

Ils brillaient en société, ils brillaient dans les salons!... Ils brillaient partout!

LE PREMIER VIEILLARD

Quand est-ce que vous les avez connus, ces gens brillants?

LE CLOCHARD, *même jeu.*

En quitta-ant la mari-i-ne...

> *Tout en regardant en direction des fenêtres des étages supérieurs, il se dirige vers la gauche, disparaît.*

LE DEUXIÈME VIEILLARD

Autrefois, autrefois...

LE PREMIER VIEILLARD

Les voyez-vous encore, parfois?

L'ÉPICIER, *sortant de la boutique d'en face, l'air furieux, lève la tête vers la fenêtre du premier étage.*

Eh, Madame!

LE DEUXIÈME VIEILLARD

Ah! mon cher, il n'y en a plus de ces gens qui brillent... *(on le voit disparaître par la droite, on l'entend)* cela a disparu. Je n'en connais plus que deux, aujourd'hui... de ces gens brillants...

L'ÉPICIER

Eh, Madame! Pour qui me prenez-vous?

VOIX DU DEUXIÈME VIEILLARD

...plus que deux. L'un est à la retraite, et l'autre est décédé!

On voit disparaître aussi le premier Vieillard.

L'ÉPICIER, *même jeu.*

Non... mais pour qui me prenez-vous, Madame?

VOIX DU CLOCHARD, *chantant.*

Le capitain' de corve-ette-e...

L'ÉPICIER, *même jeu.*

Pour qui me prenez-vous? Je suis commerçant, moi, Madame, je ne vends pas la mèche.

Il rentre furieusement dans sa boutique.

VOIX DU CLOCHARD, *s'éloignant.*

M'appela et me dit
Épous'ta Marine-ette,
Si le cœur-e t'en dit...

VOIX DU PREMIER VIEILLARD, *s'éloignant.*

Même s'il y en avait, on ne s'en apercevrait pas.
Les brillants ne brillent plus.

> *De la droite, les bruits de la récréation qui,*
> *depuis un moment, s'entendaient moins fort,*
> *redoublent d'intensité. Clochette.*

VOIX DU MAÎTRE D'ÉCOLE

En classe! En classe! En classe!

UNE VOIX, *venant de la rue.*

Nous avons cinquante-huit garçons livreurs...

VOIX DU MAÎTRE D'ÉCOLE

Silence! *(Piétinements, cris, bruits de pupitres, etc.,*
venant de la droite.) Silence, silence!

VOIX, *venant de la rue.*

Nous avons cinquante-huit garçons livreurs!

> *A l'école, les enfants se sont tus.*

VOIX DU MAÎTRE D'ÉCOLE

Leçon d'histoire : les représentants du peuple
vinrent devant les grilles du palais de la reine
Marie-Antoinette. Ils criaient :

VOIX, *venant de la rue.*

Nous avons cinquante-huit garçons livreurs.

VOIX DU MAÎTRE D'ÉCOLE

Ils criaient : « Nous n'avons plus de brioches,
Majesté, donnez-nous-en. — Il n'y en a plus »,
répondit la reine.

VOIX, *venant de la rue*.

Nous avons cinquante-huit garçons livreurs.

VOIX DU MAÎTRE D'ÉCOLE

Il n'y en a pas, vous n'avez qu'à manger du pain. Alors le peuple se fâcha. On coupa la tête de la reine. Quand la reine se vit sans tête, elle en fut tellement vexée qu'elle eut un coup de sang. Elle n'a pas survécu, malgré les médecins qui n'étaient pas bien savants à l'époque.

UNE VOIX, *dans la rue*.

Nous avons cinquante-huit garçons livreurs.

UNE GROSSE VOIX, *dans la rue*.

Nous étions à sept mille mètres d'altitude, quand soudain je vis une aile de notre avion se décoller.

AUTRE VOIX, *fluette*.

Mince alors.

LA GROSSE VOIX

Je me dis, bon, il en reste encore une. Les passagers se sont mis tous d'un côté pour équilibrer l'avion, qui volait avec une seule aile.

LA VOIX FLUETTE

Avez-vous eu peur?

LA GROSSE VOIX

Attendez... tout d'un coup l'avion perdit sa deuxième aile et ses moteurs... et ses hélices... et nous étions à sept mille mètres!

LA VOIX FLUETTE

Aïe!

LA GROSSE VOIX

Je me dis, cette fois nous sommes perdus...
(la voix s'éloigne) nous sommes perdus, rien à
faire... Eh bien, savez-vous comment nous nous
en sommes tirés? Je vous le donne en mille...

AUTRE VOIX DANS LA RUE

Nos cinquante-huit garçons livreurs perdent
trop de temps quand ils vont uriner. Cinq fois
par jour, en moyenne, ils interrompent les livrai-
sons pour satisfaire leurs besoins personnels.
Ce temps n'est pas déduit de leurs salaires. Ils en
profitent, il faut les discipliner : qu'ils fassent pipi
une seule fois par mois, à tour de rôle, pendant
quatre heures et demie sans interruption. Cela
économiserait toutes les allées et venues qui nous
sont si coûteuses. Les chameaux aussi peuvent
emmagasiner de l'eau.

PREMIÈRE VOIX, *venant d'en bas.*

Je prends le chemin de fer. Je vais dans mon
compartiment, je prends ma place qui était
réservée. Le train part. Au même instant, arrive
le monsieur qui avait la même place, le même
numéro que moi. Par courtoisie, je lui cède ma
place, je vais dans le couloir, il dit à peine merci.
Je reste debout deux heures. Au bout de deux
heures, le train s'arrête à une gare, le monsieur
descend du train. Je reprends ma place, parce
que c'était d'abord ma place. De nouveau, le

train démarre. Au bout d'une heure, le train
s'arrête à une autre gare. Voilà le monsieur qui
remonte, il veut reprendre sa place. Juridique-
ment, avait-il le droit de la reprendre? C'était ma
place, aussi bien que la sienne, mais il prétendait
avoir un droit du second occupant. Nous avons
eu un procès. Le juge me dit qu'il avait des pré-
rogatives supplémentaires, car ce monsieur
était évêque et critique et que c'est par modestie
qu'il avait tenu secrets ses titres.

AUTRE VOIX D'EN BAS

Qui était ce monsieur?

PREMIÈRE VOIX D'EN BAS

Un critique, un évêque. Morvan, l'évêque,
l'évêque du Morvan.

AUTRE VOIX D'EN BAS

Comment a-t-il fait pour rattraper le train?

PREMIÈRE VOIX D'EN BAS

Il avait pris des raccourcis.

UNE VOIX DANS LA RUE, *plus proche.*

Nous avons cinquante-huit garçons livreurs.

> *Les deux Vieillards réapparaissent par l'autre
> côté, dans la rue; c'est-à-dire par la gauche.*

LE PREMIER VIEILLARD

On m'a invité au dîner de noces, bien sûr...
Je n'ai pas été content, parce que, moi, je n'aime
que le coq au vin.

LE DEUXIÈME VIEILLARD

On ne vous a pas servi de coq au vin?

LE PREMIER VIEILLARD

Si. Mais on ne m'a pas dit que c'était du coq au vin, alors c'était pas bon quand j'ai mangé.

LE DEUXIÈME VIEILLARD

Est-ce que c'était vraiment du coq au vin?

LE PREMIER VIEILLARD

C'était du coq au vin. Mais comme je ne l'ai pas su, c'était un dîner raté.

LE DEUXIÈME VIEILLARD

J'aurais bien voulu être invité à votre place. Parce que moi, j'aime les dîners ratés.

Les Vieillards disparaissent.

VOIX DANS LA RUE

Nous avons cinquante-huit garçons livreurs.

VOIX, *venant de droite*.

Il faut sérieusement poser le problème de notre financement.

VOIX D'EN HAUT

La question a-t-elle été envisagée par la délégation des sous-délégués?

VOIX, *venant de gauche*.

Il faut sérieusement poser le problème de leur financement.

VOIX VENANT D'EN HAUT

Il faut sérieusement poser le problème du financement de nos garçons livreurs.

AUTRE VOIX VENANT DE GAUCHE

Non, la question a été résolue par la sous-délégation des délégués.

VOIX VENANT DE DROITE

Que voulez-vous, la production c'est la production! Il faut repenser la question, la repenser à la base.

VOIX VENANT DE GAUCHE

Avec nos contremaîtres, nos vice-maîtres, nos paramaîtres et nos périmaîtres, nous allons constituer une base organisationnelle, un comité de mise en commun.

VOIX D'EN HAUT

Les maîtres et les périmaîtres constitueront des comités d'entreprise des sociétés d'entrepreneurs qui constitueront des groupes sociaux.

VOIX VENANT DE DROITE

Il y a le principe organisationnel de la base et le point de vue organisationnel de la suprastructure.

VOIX DE GAUCHE

Et nos cinquante-huit garçons livreurs?

VOIX D'EN HAUT

Après le travail, il faut organiser la détente.

VOIX D'EN BAS

Une détente très sévère.

VOIX DE GAUCHE

Il faut forcer la détente.

*Pour quelques secondes un brouillard épais
assombrit la scène; pendant ce temps, les bruits du
dehors s'assourdissent; on n'entend plus que des
bribes de mots indistincts.*

VOIX DE LA CONCIERGE,
après un claquement de porte dans l'entrée.

Ah, quand le brouillard se mêle à la fumée de
l'usine, on n'entend plus rien! *(Bruit très puissant
d'une sirène d'usine.)* Heureusement, il y a les
sirènes!

*Le brouillard s'est dissipé, et on voit, de l'autre
côté de la rue, le Clochard qui chante.*

VOIX DU CLOCHARD

Le commandant en second
M'appela et me dit
Épouse ta Marine-ette,
Épouse ta Marine-ette.

*Les bruits de la rue sont plus éloignés pour per-
mettre le jeu qui va suivre.*

LE CLOCHARD

Tu fus un bon marin,
Sois donc un bon mari!

*On entend, dans l'entrée, le claquement d'une
porte.*

VOIX DE LA CONCIERGE, *tandis que le Clochard, en fredonnant, regarde vers les fenêtres d'où doivent tomber les pièces de monnaie, qu'il enlève son vieux chapeau défoncé, salue dans le vide, s'est avancé vers la fenêtre et se trouve au milieu de la rue.*

Ne claquez pas la porte comme ça.

VOIX D'UNE FEMME, *dans l'entrée.*

A vous aussi, ça vous arrive de la claquer. Je n'ai pas fait exprès.

VOIX DE LA CONCIERGE

Oui, mais moi c'est parce que je ne fais pas attention.

LE CLOCHARD, *dans la rue,*
il regarde vers les fenêtres.

Salut, M'sieurs-Dames! Merci, M'sieurs-Dames. *(Il bougonne car les pièces de monnaie ne tombent pas.)* Ils sont pas généreux, ah là là là là.

VOIX DE LA CONCIERGE, *qui chante.*

Quand il fait chaud
c'est qu'il fait froid!

LE CLOCHARD, *pendant que la Concierge répète le même refrain, a traversé la rue; un motocycliste le frôle par-derrière, en passant à toute allure; on entend la voix du motocycliste : « Espèce de... ».*

Sois donc un bon mari!...

Il s'est approché tout à fait de la fenêtre et, tout en fredonnant :

Mais méfie-toi quand même,
Mais méfie-toi quand même!...

*Il regarde par la fenêtre, dans la chambre de
Bérenger, en collant son visage et son nez, qui
s'aplatit, contre la vitre fermée.*

LA CONCIERGE *fait son apparition sur le trottoir,
qu'elle balaie tout en fredonnant,
puis se cogne contre le Clochard.*

Qu'est-ce que tu fais là, toi?

LE CLOCHARD

Je chante!

LA CONCIERGE

Tu salis les carreaux! C'est mon locataire! C'est
moi qui les nettoie.

LE CLOCHARD

Oh! pardon, Madame. Je ne savais pas. Faut
pas vous fâcher.

LA CONCIERGE

Allez, va-t'en, pas d'histoires!

LE CLOCHARD, *toujours un peu goguenard
et un peu ivre.*

J'ai entendu ça plus de mille fois. Vous êtes
bien banale, Madame.

LA CONCIERGE, *le menaçant du balai.*

Je vais t'en donner, moi, des appréciations.

LE CLOCHARD

C'est pas la peine, Madame, je m'en vais,
Madame, pardon!

Il s'éloigne; on l'entend fredonner :

En quittant la mari-i-ne
J'épousai Marine-ette!

LA CONCIERGE, *toujours dans la rue,*
près de la fenêtre, se retourne brusquement,
après qu'on a entendu l'aboiement de son chien.

Ta gueule!... Le facteur! *(Au Facteur.)* C'est
pour qui, Monsieur le Facteur?

VOIX DU FACTEUR

C'est une dépêche pour Monsieur Bérenger!

LA CONCIERGE

C'est au rez-de-chaussée. A droite.

VOIX DU FACTEUR

Merci.

LA CONCIERGE, *menaçant du balai*
dans la direction du Clochard
que l'on ne voit plus.

Salaud. *(Haussant les épaules.)* Il n'est pas plus
marin que moi. *(On entend le Facteur frapper à la
porte de Bérenger, tandis que la Concierge balaie le
trottoir.)* Ah, ces cacas de chien, c'est pas le mien
qui ferait ça.

VOIX DU FACTEUR

Ça répond pas.

LA CONCIERGE, *au Facteur que l'on ne voit pas.*

Frappez plus fort. Il est là.

VOIX DU FACTEUR

Je vous dis que ça ne répond pas!

LA CONCIERGE

Ça ne sait même pas frapper à une porte!

Elle disparaît dans l'entrée.

VOIX DE LA CONCIERGE

Il peut pas être sorti. Je connais tout de même ses habitudes. C'est mon locataire. Et même que je fais son ménage. Je nettoie ses carreaux.

VOIX DU FACTEUR

Essayez!

On entend frapper fortement, des coups répétés, à la porte de la chambre de Bérenger.

VOIX DE LA CONCIERGE, *qui frappe à la porte.*

Monsieur Bérenger, Monsieur Bérenger! *(Silence. Nouveaux coups.)* Monsieur Bérenger! Monsieur Bérenger!

VOIX DU FACTEUR

Qu'est-ce que je vous avais dit!

VOIX DE LA CONCIERGE

Ça c'est trop fort! Il peut pas être sorti. Peut-être qu'il dort, mais c'est pas dans ses habitudes! Frappez plus fort. Moi, je vais voir!

Le Facteur continue de frapper. La Concierge réapparaît devant la fenêtre; elle colle contre le

*carreau son visage qui, naturellement, doit être
hideux; il s'enlaidit encore davantage, par l'apla-
tissement du nez contre la vitre.*

LA CONCIERGE

Monsieur Bérenger! Dites, Monsieur Bérenger!

*En même temps, on entend le Facteur frapper
à la porte.*

VOIX DU FACTEUR

Monsieur Bérenger, une dépêche, Monsieur
Bérenger!

LA CONCIERGE

Monsieur Bérenger, il y a une dépêche pour
vous... Ça, par exemple! *(Pause.)* Où est-ce qu'il
peut bien être? Il n'est jamais chez lui! *(Elle
frappe de nouveau à la fenêtre, tandis que l'on entend
toujours les coups à la porte du Facteur.)* Y a des gens
qui se promènent, ils n'ont rien d'autre à faire et
nous on s'esquinte!... Il est pas là!

*Elle disparaît, elle doit être près de l'entrée; on
voit, au coin de la fenêtre, son bras et son manche
à balai s'agiter.*

VOIX DU FACTEUR

S'il n'est pas là, il n'est pas là. Vous disiez qu'il
restait tout le temps chez lui!

VOIX DE LA CONCIERGE

J'ai jamais dit ça! Passez-moi la dépêche, je la
lui donnerai! *(Elle disparaît complètement.)* C'est
moi qui nettoie ses carreaux!

VOIX DU FACTEUR

Je n'ai pas le droit de vous la donner. Je ne peux pas.

VOIX DE LA CONCIERGE

Tant pis alors, gardez-la.

VOIX DU FACTEUR

Je vous la donne quand même. La voilà.

VOIX DE LA CONCIERGE

Faudra encore que je guette qu'il vienne! Ah, là là!...

Pause. Les bruits ont cessé brusquement, après que s'est arrêté, progressivement, le sifflet d'une dernière sirène. Peut-être aura-t-on pu entendre aussi, une dernière fois, une invective de la concierge à l'adresse de son chien, suivie du glapissement de celui-ci. Quelques instants de silence. Puis, on voit passer dans la rue, au ras de la fenêtre, en venant de la droite, Bérenger qui rentre chez lui. Il est vêtu de son pardessus, tient, nerveusement, de la main droite qu'il balance fortement, son chapeau. Il marche tête baissée. Une fois qu'il a dépassé le champ de la fenêtre, on entend ses pas dans l'entrée. On entend la clef tourner dans la serrure.

VOIX DE LA CONCIERGE, *très polie.*

Tiens, vous voilà, Monsieur Bérenger. Vous avez fait une bonne promenade? Vous avez raison de prendre l'air! Vous en avez besoin!

VOIX DE BÉRENGER

Bonjour, Madame.

VOIX DE LA CONCIERGE

Si vous vous êtes promené, c'est que vous êtes
sorti. Je ne vous ai pas entendu partir. Pourquoi
n'avez-vous pas prévenu, je n'ai pas eu la clef
pour faire votre ménage. Comment savoir? J'aurais bien voulu. Vous avez reçu une dépêche!
*(Pause. Bérenger s'est interrompu d'ouvrir sa porte, il
doit lire la dépêche.)* C'était peut-être pas urgent?
Alors je l'ai lue. C'est le marchand de bric-à-brac.
Il vous demande d'urgence. Faut pas vous inquié-
ter.

> *On entend de nouveau grincer la clef dans
> la serrure. La porte de la chambre de Bérenger
> s'ouvre doucement. On entend la Concierge bre-
> douiller avec colère des paroles inintelligibles,
> claquer la porte de sa loge, le chien gémir; on voit
> apparaître, dans la mi-obscurité de la pièce, la
> silhouette de Bérenger. Il s'avance, à pas lents,
> vers le milieu de la scène. Le silence est total.
> Bérenger appuie sur le bouton électrique, la scène
> s'éclaire. On aperçoit, dans son coin, chapeau sur
> la tête, vêtu de son pardessus, sa serviette à ses
> pieds, Édouard qui toussote. Surpris par le
> toussotement d'abord, puis, presque en même
> temps, par la vue d'Édouard même, Bérenger a
> un haut-le-corps.*

BÉRENGER, *sursautant.*

Aah, que faites-vous là?

ÉDOUARD, *d'une voix mince, un peu aiguë,*
presque enfantine; toussotant, se levant,
en ramassant sa serviette qu'il tient à la main.

Il ne fait pas chaud chez vous.

Il crache dans son mouchoir; pour ceci, il a de
nouveau déposé sa serviette, sorti aussi de sa
poche la main droite, qui est un peu recroquevillée
et qui est visiblement plus courte que l'autre;
ensuite il repliera soigneusement, méthodique-
ment, son mouchoir, le remettra dans sa poche,
reprendra sa serviette.

BÉRENGER

Vous m'avez fait peur... Je n'attendais pas votre
visite. Que faites-vous là?

ÉDOUARD

Je vous attendais. *(Remettant le bras plus court*
dans sa poche.) Bonjour, Bérenger.

BÉRENGER

Comment êtes-vous entré?

ÉDOUARD

Mais, par la porte, voyons. J'ai ouvert la porte.

BÉRENGER

Comment avez-vous fait? J'avais les clefs sur
moi!...

ÉDOUARD *sort de sa poche des clefs,*
les montre à Bérenger.

Moi aussi.

Il remet les clefs dans sa poche.

BÉRENGER

Comment avez-vous eu ces clefs?

Il met son chapeau sur la table.

ÉDOUARD

Mais... c'est vous-même qui m'en avez confié un jeu, pour rentrer chez vous quand je voulais et vous attendre, en cas d'absence.

BÉRENGER, *cherchant dans sa mémoire.*

Moi, je vous ai donné ces clefs?... Quand?... Je ne m'en souviens pas... pas du tout...

ÉDOUARD

C'est pourtant vous qui me les avez confiées. Comment aurais-je pu les avoir, autrement?

BÉRENGER

C'est étonnant, mon cher Édouard. Bref, si vous le dites...

ÉDOUARD

Je vous assure... Excusez-moi, Bérenger, je vous les rends si cela vous ennuie que je les garde sur moi.

BÉRENGER

Enfin... non, non... gardez-les, Édouard, gardez-les puisque vous les avez. Excusez-moi, j'ai une mauvaise mémoire. Je ne me souviens pas de vous les avoir données.

ÉDOUARD

Si, pourtant... souvenez-vous, c'était l'année dernière, je crois. Un dimanche quand...

BÉRENGER, *l'interrompant*.

La concierge ne m'a pas dit que vous m'atten-diez.

ÉDOUARD

Sans doute ne m'a-t-elle pas aperçu, je m'ex-cuse, je ne savais pas qu'il fallait lui demander la permission de rentrer chez vous. Ne m'aviez-vous pas dit que ce n'était pas indispensable? Mais si vous ne voulez pas de ma visite...

BÉRENGER

Je ne veux pas dire cela. Votre présence me fait toujours plaisir.

ÉDOUARD

Je ne veux pas vous déranger.

BÉRENGER

Vous ne me dérangez pas du tout.

ÉDOUARD

Je vous remercie.

BÉRENGER

C'est mon manque de mémoire qui m'attriste... *(Pour lui.)* Pourtant, la concierge n'a pas dû quit-ter la maison, ce matin!... *(A Édouard.)* Qu'est-ce que vous avez? Vous tremblez.

ÉDOUARD

Oui, en effet, je ne me sens pas très bien, j'ai
froid.

BÉRENGER, *prenant la main valide d'Édouard,*
tandis que celui-ci enfonce l'autre dans sa poche.

Vous avez toujours de la fièvre. Vous toussez,
vous frissonnez. Vous êtes tout pâle. Vos yeux
brûlent.

ÉDOUARD

Les poumons... cela ne s'arrange pas... depuis
le temps que je traîne cela...

BÉRENGER

Et c'est si mal chauffé dans cet immeuble...
(Sans enlever son pardessus, il va s'enfoncer, l'air
morose, dans un fauteuil, près de la table, tandis
qu'Édouard reste debout.) Asseyez-vous donc,
Édouard.

ÉDOUARD

Merci. Merci beaucoup. *(Il se rassoit sur le bahut,*
près de la fenêtre, en déposant, avec précaution, sa ser-
viette près de lui, à portée de la main; il aura tout le
temps l'air de la surveiller; un moment de silence, puis,
remarquant la mine assombrie de Bérenger qui sou-
pire :) Vous semblez tout triste, vous avez un air
accablé, soucieux...

BÉRENGER, *pour lui.*

Si je n'étais que soucieux...

ÉDOUARD

Seriez-vous malade, vous aussi?... Que s'est-il passé? Il vous est arrivé quelque chose?

BÉRENGER

Non, non... Rien du tout! Je suis comme cela... Je ne suis pas gai de nature! Brrrr... moi aussi, j'ai froid!

Il se frotte les mains.

ÉDOUARD

Il vous est certainement arrivé quelque chose. Vous êtes plus nerveux que d'habitude, vous êtes tout agité! Dites-le-moi, si je ne suis pas indiscret, ça vous calmera.

BÉRENGER *se lève,*
il fait, nerveusement, plusieurs pas dans la pièce.

Il y a de quoi.

ÉDOUARD

Que s'est-il passé?

BÉRENGER

Oh, rien, rien et tout... tout, tout...

ÉDOUARD

Je voudrais bien une tasse de thé, si c'est possible...

BÉRENGER, *prenant soudain le ton tragique*
des déclarations graves.

Mon cher Édouard, je suis meurtri, désespéré, inconsolable!

ÉDOUARD, *sans changer le ton de sa voix.*

Meurtri de quoi, inconsolable de quoi?

BÉRENGER

Ma fiancée a été assassinée.

ÉDOUARD

Vous dites?

BÉRENGER

Ma fiancée a été assassinée, entendez-vous?

ÉDOUARD

Votre fiancée? Vous vous êtes donc fiancé? Vous ne m'aviez jamais parlé de vos projets de mariage. Mes félicitations. Mes condoléances aussi. Qui était votre fiancée?

BÉRENGER

A vrai dire... ce n'était pas exactement ma fiancée... C'est une jeune fille, une jeune fille qui aurait pu le devenir.

ÉDOUARD

Ah oui?

BÉRENGER

Une jeune fille aussi belle que douce, tendre, pure comme un ange. C'est affreux. C'est trop affreux.

ÉDOUARD

Depuis quand la connaissiez-vous?

BÉRENGER

Peut-être depuis toujours. Sûrement depuis ce matin.

ÉDOUARD

C'était récent.

BÉRENGER

On me l'a arrachée... arrachée!... J'ai...

Geste de la main.

ÉDOUARD

Ça doit être douloureux... Avez-vous du thé, s'il vous plaît?

BÉRENGER

Excusez-moi, je n'y pensais pas... Avec ce drame... qui déchire ma vie! Oui, oui, j'en ai!

ÉDOUARD

Je vous comprends.

BÉRENGER

Vous ne pouvez pas comprendre.

ÉDOUARD

Oh, si.

BÉRENGER

Je ne peux pas vous offrir du thé. Il est moisi. J'avais oublié.

ÉDOUARD

Alors, un verre de rhum, s'il vous plaît... Je suis tout transi.

> *Bérenger, tout en parlant prend une bouteille de rhum, remplit un petit verre pour Édouard, et le lui tend.*

BÉRENGER

Elle va me manquer, toujours. Ma vie est terminée. C'est une déchirure qui ne guérira jamais!

ÉDOUARD

Vous êtes tout déchiré, pauvre ami! *(Prenant le verre de rhum.)* Merci! *(D'un ton toujours indifférent.)* Pauvre ami!

BÉRENGER

Et s'il n'y avait que cela, s'il n'y avait que le meurtre de cette malheureuse jeune fille. Savez-vous, il se passe des choses, des choses atroces dans le monde, dans notre ville, des choses terribles! inimaginables... tout près d'ici... relativement tout près... Moralement c'est ici même, là!... *(Il se frappe la poitrine. Édouard a avalé le rhum. Il s'étrangle. Il tousse.)* Vous ne vous sentez pas bien!

ÉDOUARD

Ce n'est rien. C'est fort. *(Il continue de tousser.)* J'ai dû avaler de travers.

BÉRENGER, *donnant à Édouard*
une petite tape dans le dos pour arrêter la toux
et reprenant son verre de l'autre main.

Je croyais avoir tout retrouvé, tout retrouvé.
(A Édouard.) Levez la tête. Regardez le plafond.
Ça va s'arrêter... *(Il continue.)* Tout ce que j'avais
perdu, tout ce que je n'avais pas perdu, tout ce
qui m'appartenait, tout ce qui ne m'avait jamais
appartenu...

ÉDOUARD, *à Bérenger*
qui continue de taper dans son dos.

Merci... Ça va comme ça... vous me faites mal...
ça suffit, je vous prie.

BÉRENGER, *allant déposer le petit verre sur la table,*
tandis qu'Édouard crache dans son mouchoir.

Je croyais que le printemps était revenu pour
toujours... que j'avais retrouvé l'introuvable, le
rêve, la clef, la vie... tout ce que nous avons perdu,
en vivant.

ÉDOUARD, *toussotant.*

Oui. Bien sûr.

BÉRENGER

Toutes les aspirations confuses, tout ce que
nous désirons obscurément, du plus profond
de nous-mêmes, sans même nous en rendre
compte... Ah, je croyais tout avoir... C'était une
terre inexplorée, d'une beauté magique...

ÉDOUARD

Vous êtes toujours à la recherche de choses

extravagantes. Vous vous proposez des buts inac-
cessibles.

BÉRENGER

Puisque j'y étais! Puisque la jeune fille...

ÉDOUARD

La preuve c'est que vous n'y êtes plus et qu'elle
n'est plus. Vos problèmes sont compliqués, sans
utilité. Oui. Il y a toujours eu en vous un mécon-
tentement, un refus de vous résigner.

BÉRENGER

C'est parce que je suffoque... Je ne respire
pas l'air qui m'est destiné.

ÉDOUARD, *toussotant.*

Considérez-vous heureux de ne pas avoir une
mauvaise santé, de ne pas être infirme ou malade.

BÉRENGER, *sans tenir compte*
de ce que lui dit Édouard.

Non. Non. J'ai vu, j'ai cru atteindre quelque
chose... quelque chose comme un autre univers.
Oui, seule la beauté peut faire s'épanouir les
fleurs du printemps sans fin... les fleurs immor-
telles... hélas, ce n'était qu'une lumière menson-
gère!... De nouveau, de nouveau, cela s'est écroulé
dans les abîmes... en une seconde, en une seconde!
La même chute, qui se répète...

> *Tout cela est dit d'un ton déclamatoire, à mi-*
> *chemin entre la sincérité et la parodie.*

ÉDOUARD

Vous ne pensez qu'à vous.

BÉRENGER, *avec une légère irritation*.

C'est faux. C'est faux. Je ne pense pas qu'à moi. Ce n'est pas pour moi... ou pas seulement pour moi, que je souffre en ce moment, que je refuse d'accepter! Il vient un moment où l'on ne peut plus admettre les choses horribles qui arrivent...

ÉDOUARD

Mais c'est l'ordre du monde. Tenez, moi, je suis malade... j'en prends bien mon parti...

BÉRENGER, *l'interrompant*.

Cela pèse, cela pèse terriblement, surtout quand on avait cru apercevoir... qu'on avait cru pouvoir espérer... Ah, ah... maintenant on ne peut plus... je suis fatigué... elle est morte, ils sont morts, on va tous les tuer... on ne peut pas empêcher...

ÉDOUARD

Mais comment est-elle morte, cette fiancée qui n'existait peut-être pas? Et qui va-t-on tuer, encore, en dehors de ceux que l'on tue habituellement? De quoi parlez-vous, en somme? Est-ce vos rêves que l'on tue? les généralités ne veulent rien dire.

BÉRENGER

Ce ne sont pas des propos en l'air...

ÉDOUARD

Je m'excuse. Je ne vous comprends guère. Je
ne...

BÉRENGER

Vous êtes toujours dans votre trou. Vous ne
savez jamais rien. Où vivez-vous?

ÉDOUARD

Précisez, renseignez-moi.

BÉRENGER

C'est absolument incroyable. Il y a, dans notre
ville, puisque vous n'êtes pas au courant, un beau
quartier.

ÉDOUARD

Eh bien...

BÉRENGER

Oui, il existe un beau quartier. J'ai trouvé le
beau quartier, j'en viens. On l'appelle la cité
radieuse.

ÉDOUARD

Alors?

BÉRENGER

Malgré son nom, ce n'est pas l'arrondissement
de la joie, l'arrondissement modèle, l'arrondissement privilégié. Un malfaiteur, un assassin
inassouvi en a fait un enfer.

ÉDOUARD, *tousse.*

Je m'excuse, je tousse, c'est malgré moi!

BÉRENGER

Vous m'entendez?

ÉDOUARD

Parfaitement : un assassin en a fait un enfer.

BÉRENGER

Il terrorise, il tue tout le monde. On aban-
donne le quartier. Il n'existera plus.

ÉDOUARD

Ah, mais oui, j'y suis! Il s'agit sans doute du
mendiant qui montre aux gens la photo du colonel et les jette à l'eau pendant qu'ils la regardent!
C'est un attrape-nigaud. Je croyais que vous par-
liez d'autre chose. Si ce n'est que cela...

BÉRENGER, *surpris.*

Vous le saviez? Vous étiez au courant?

ÉDOUARD

Depuis longtemps, voyons. Je pensais que vous
alliez m'apprendre quelque chose de neuf, qu'il
y avait un deuxième beau quartier.

BÉRENGER

Pourquoi ne m'en aviez-vous jamais rien dit?

ÉDOUARD

Je croyais que ce n'était pas la peine. Toute la

ville connaît l'histoire, je suis même très surpris
que vous ne l'ayez pas connue vous-même plus
tôt, c'est une vieille nouvelle. Qui ne la connaît
pas?... Je pensais qu'il était inutile de vous en
parler.

BÉRENGER

Comment? Tout le monde est au courant?

ÉDOUARD

Puisque je vous le dis. Vous voyez, moi-même
je le sais. La chose est sue, assimilée, cataloguée.
Même les enfants des écoles savent...

BÉRENGER

Même les enfants des écoles?... En êtes-vous
sûr?

ÉDOUARD

Évidemment.

Il toussote.

BÉRENGER

Comment les enfants des écoles ont-ils pu
apprendre?...

ÉDOUARD

Ils ont dû entendre leurs parents en parler...
ou les grands... le maître d'école aussi quand il
leur enseigne à lire et à écrire... Voulez-vous me
donner encore un peu de rhum?... Ou plutôt
non, cela me fait trop de mal. Il vaut mieux que
je m'abstienne. *(Reprenant le fil de l'explication.)*
C'est regrettable, certes.

BÉRENGER

Très regrettable! Extrêmement regrettable...

ÉDOUARD

Que voulez-vous qu'on y fasse?

BÉRENGER

Permettez-moi de vous dire, à mon tour, dans ce cas, à quel point je suis moi-même surpris que vous n'en soyez pas plus bouleversé... J'ai toujours cru que vous étiez un homme sensible, humain.

ÉDOUARD

Je le suis peut-être.

BÉRENGER

Mais c'est atroce. Atroce.

ÉDOUARD

Je l'admets. Je ne vous contredis pas.

BÉRENGER

Votre indifférence me révolte! Je vous le dis en face.

ÉDOUARD

Que voulez-vous... je...

BÉRENGER, *plus fort.*

Votre indifférence me révolte!

ÉDOUARD

Remarquez... la nouvelle est pour vous toute fraîche...

BÉRENGER

Ce n'est pas une raison. Vous me navrez, Édouard, sincèrement vous me navrez...

Édouard se met à tousser violemment. Il crache dans son mouchoir.

BÉRENGER, *se précipitant vers Édouard car celui-ci manque de défaillir.*

Vous avez mal!

ÉDOUARD

Un verre d'eau.

BÉRENGER

Tout de suite. Je vous l'apporte. *(Il le soutient.)* Allongez-vous là... sur le canapé...

ÉDOUARD, *entre deux toux ou deux hoquets.*

Ma serviette... *(Bérenger se penche pour prendre la serviette d'Édouard. Bien que presque défaillant, Édouard, dans un sursaut, s'échappe des mains de Bérenger pour attraper la serviette.)* Laissez... laissez...

Il prend des mains de Bérenger la serviette que celui-ci avait saisie, puis, toujours défaillant, soutenu par Bérenger, il arrive au divan, sans lâcher la serviette, s'allonge avec l'aide de Bérenger, dépose la serviette à côté de lui.

BÉRENGER

Vous êtes inondé de sueur...

ÉDOUARD

Et glacé, en même temps, ah... cette toux, c'est affreux...

BÉRENGER

N'attrapez pas froid. Voulez-vous une couverture?

ÉDOUARD, *frissonnant.*

Ne vous inquiétez pas. Ce n'est rien... ça va passer...

BÉRENGER

Installez-vous. Reposez-vous.

ÉDOUARD

Un verre d'eau.

BÉRENGER

Tout de suite... Je vous l'apporte.

> *Il sort précipitamment pour chercher le verre d'eau; on entend couler l'eau d'un robinet. Pendant ce temps, Édouard se soulève sur un coude, s'arrête de tousser, contrôle, d'une main inquiète, la fermeture de son énorme serviette noire, puis un peu tranquillisé, s'allonge, de nouveau, toujours toussant, mais moins fort. Édouard ne doit pas donner l'impression qu'il essaie de tromper Bérenger; il est vraiment malade, il a aussi d'autres inquiétudes, au sujet de sa serviette, par exemple; il s'éponge le front.*

BÉRENGER, *revenant avec le verre d'eau.*

Vous vous sentez mieux?

ÉDOUARD

Merci... *(Il boit une gorgée d'eau; Bérenger reprend le verre.)* Excusez-moi, je suis ridicule. Ça va, maintenant.

BÉRENGER

C'est à moi de m'excuser. J'aurais dû penser... Quand on est soi-même malade, quand on est un grand malade, comme vous, il est difficile d'être préoccupé par autre chose... Je suis injuste avec vous. Après tout, ce sont peut-être ces crimes affreux de la cité radieuse qui sont à l'origine de votre maladie. Cela a dû vous toucher, consciemment ou non. Oui, c'est cela, sans doute, qui vous ronge. On ne doit pas juger à la légère, je le confesse. On ne peut connaître le cœur des gens...

ÉDOUARD, *se levant.*

Je gèle chez vous...

BÉRENGER

Ne vous levez pas. Je vais vous chercher la couverture.

ÉDOUARD

Si on allait se promener un peu, plutôt, pour prendre l'air. Je vous ai attendu là, dans ce froid, trop longtemps. Il fait certainement plus chaud dehors.

BÉRENGER

Je suis tellement fatigué moralement, tellement déprimé. J'aurais préféré aller me coucher... Enfin, puisque vous y tenez, je vais tout de même vous accompagner un peu!

ÉDOUARD

Vous êtes bien charitable! *(Il remet son chapeau de feutre bordé d'un crêpe noir, boutonne et époussette son pardessus sombre, tandis que Bérenger enfonce son chapeau sur la tête, lui aussi. Édouard prend sa lourde serviette noire bourrée. Il est précédé par Bérenger qui lui tourne le dos, en marchant; en passant près de la table, et en voulant passer la serviette par-dessus celle-ci, la serviette s'ouvre et une partie de son contenu se déverse sur la table; ce sont, d'abord, de grandes photos.)* Ma serviette!

BÉRENGER, *se retournant au bruit.*

Qu'est-ce que... Ah!...

> *Ils se précipitent tous les deux en même temps vers la serviette.*

ÉDOUARD

Laissez, laissez donc.

BÉRENGER

Mais si, attendez, je vais vous aider... *(Il aperçoit les photos.)* Mais... mais... qu'est-ce que vous avez là?

> *Il prend une des photos. Édouard essaye, sans trop d'énervement cependant, de la lui reprendre,*

de cacher, avec ses mains, les autres photos qui
coulent de la serviette, les fait rentrer dedans.

BÉRENGER, *qui n'a pas lâché la photo,*
la regarde, malgré l'opposition d'Édouard.

Qu'est-ce que c'est?...

ÉDOUARD

Une photo sans doute... des photos...

BÉRENGER, *tenant et regardant toujours la photo.*

C'est un militaire, moustachu, il a des galons...
un colonel avec ses décorations, sa croix d'honneur... *(Il prend d'autres photos.)* Encore des photos! Et toujours la même tête!

ÉDOUARD, *regardant, lui aussi.*

Oui... en effet... c'est un colonel.

Il a l'air de vouloir mettre la main sur les
photos, tandis que d'autres photos, nombreuses,
continuent de se déverser sur la table.

BÉRENGER, *avec autorité.*

Laissez-moi voir! *(Il fouille dans la serviette, en*
tire d'autres photos, en regarde encore une.) Il a une
bonne figure. Une expression plutôt attendris-
sante. *(Il sort d'autres photos. Édouard s'éponge le*
front.) Qu'est-ce que cela veut dire? Mais c'est la
photo, la fameuse photo du colonel! Vous l'aviez
là-dedans... vous ne m'en aviez jamais parlé!

ÉDOUARD

Je ne regarde pas tout le temps dans ma serviette.

BÉRENGER

C'est bien votre serviette, pourtant, vous ne vous en séparez jamais!

ÉDOUARD

Ce n'est pas une raison...

BÉRENGER

Bref... Profitons de l'occasion. Tant qu'on y est, cherchons encore... *(Bérenger plonge sa main dans l'énorme serviette noire. Édouard fait de même, avec sa main trop blanche, aux doigts recroquevillés que l'on voit maintenant d'une façon très nette.)* Encore des photos du colonel... encore... encore... *(A Édouard qui, maintenant, sort lui aussi des objets de la serviette, l'air ahuri.)* Et cela?

ÉDOUARD

Ce sont des fleurs artificielles, comme vous voyez.

BÉRENGER

Il y en a des quantités!... Et ça?... tiens, des images obscènes... *(Il les regarde. Édouard va regarder par-dessus l'épaule de Bérenger.)* C'est vilain!

ÉDOUARD

Pardon!

Il s'éloigne d'un pas.

BÉRENGER *rejette les photos obscènes, continue son inventaire.*

Des bonbons... des tirelires... *(Ils sortent tous les*

deux de la serviette, tout un tas d'objets divers.) ... des montres d'enfant!... Mais qu'est-ce que ça vient chercher là?

ÉDOUARD, *bredouillant.*

Je... je ne sais pas... je vous dis...

BÉRENGER

Qu'est-ce que vous en faites?

ÉDOUARD

Rien. Que pourrait-on en faire?

BÉRENGER, *sortant toujours de la serviette, qui doit être comme les sacs sans fond des prestidigitateurs, toutes sortes d'objets en quantités invraisemblables, se répandant sur toute la surface de la table, tombant aussi, en partie, sur le plancher.*

...des épingles... encore des épingles... des porte-plume... et ça... et ça... qu'est-ce que c'est?

On doit beaucoup insister sur ce jeu : certains objets peuvent voltiger, d'autres peuvent être jetés, par Bérenger, aux quatre coins de la scène.

ÉDOUARD

Ça?... Je ne sais pas... je ne sais rien... je ne suis pas au courant.

BÉRENGER, *lui montrant une boîte.*

Qu'est-ce que c'est que cela?

ÉDOUARD, *la prenant dans la main.*

Ça m'a l'air d'une boîte, n'est-ce pas?

BÉRENGER

En effet. C'est une boîte en carton. Qu'est-ce qu'il y a dedans?

ÉDOUARD

Je ne sais pas, je ne sais pas. Je ne peux pas vous le dire.

BÉRENGER

Ouvrez-la, allez, ouvrez-la!

ÉDOUARD, *presque indifférent.*

Si vous le désirez... *(Il ouvre la boîte.)* Il n'y a rien! Ah, si, une autre boîte...

Il sort la petite boîte.

BÉRENGER

Et dans cette autre boîte?

ÉDOUARD

Voyez vous-même.

BÉRENGER, *sortant une troisième boîte*
de la seconde boîte.

Une autre boîte. *(Il regarde dans la troisième boîte.)* Dedans, il y a encore une boîte. *(Il la sort.)* Et dedans, encore une... *(Il regarde dans la quatrième boîte.)* Et dedans encore une boîte... et ainsi de suite, à l'infini! Voyons encore...

ÉDOUARD

Oh, si vous voulez... Mais on ne pourra plus se promener...

BÉRENGER, *sortant des boîtes.*

Boîte à boîtes... boîte à boîtes... boîte à boîtes... boîte à boîtes...

ÉDOUARD

Rien que des boîtes...

BÉRENGER *sort de la serviette*
une poignée de cigarettes.

Des cigarettes!

ÉDOUARD

Celles-là m'appartiennent!... *(Il les ramasse; puis, s'arrêtant.)* Prenez-en une, si vous voulez...

BÉRENGER

Merci, je ne fume pas.

Édouard met la poignée de cigarettes dans sa poche, d'autres cigarettes s'éparpillent sur la table, tombent par terre.

BÉRENGER, *regardant fixement Édouard.*

Ce sont les objets du monstre! Vous les aviez là!

ÉDOUARD

Je n'en savais rien, je n'en savais rien!

Il fait mine de reprendre la serviette.

BÉRENGER

Non, non. Videz tout! Allez!

ÉDOUARD

Cela me fatigue. Faites-le vous-même, mais je n'en vois pas la nécessité.

Il lui tend la serviette béante.

BÉRENGER, *sortant une autre boîte.*

Ce n'est toujours qu'une boîte.

ÉDOUARD

Vous voyez bien.

BÉRENGER, *regardant à l'intérieur*
de la serviette vidée :

Il n'y a plus rien!

ÉDOUARD

Je peux remettre en place?

Il commence à ramasser les objets et à les remettre, en désordre, dans la serviette.

BÉRENGER

Les objets du monstre! Ce sont les objets du monstre! C'est extraordinaire...

ÉDOUARD, *même jeu.*

Eh... oui... ma foi, on ne peut le nier... C'est vrai.

BÉRENGER

Comment se trouvent-ils dans votre serviette?

ÉDOUARD

Vraiment... Je... Que voulez-vous que je vous

dise?... Il y a des choses qu'on ne peut pas toujours s'expliquer... Je peux remettre en place?

BÉRENGER

Peut-être, oui, enfin... A quoi pourraient-ils
nous servir? *(Il commence à aider Édouard à remplir
la serviette avec les objets qu'il avait fait sortir; puis,
soudain, au moment où il veut remettre dans la serviette
la dernière boîte qu'il n'avait pas examinée, celle-ci se
défait et l'on voit s'éparpiller sur la table toutes sortes de
documents ainsi que plusieurs dizaines de cartes de
visite; tout cela, dans le style du prestidigitateur.)*
Tiens, des cartes de visite!

ÉDOUARD

Oui. Des cartes de visite. En effet, c'est étonnant... ça alors!

BÉRENGER, *examinant les cartes de visite.*

Ce doit être son nom.

ÉDOUARD

Le nom de qui?

BÉRENGER

Le nom du criminel, voyons, le nom du criminel!

ÉDOUARD

Vous croyez?

BÉRENGER

Cela me paraît indiscutable.

ÉDOUARD

Vraiment? Pourquoi?

BÉRENGER

Vous voyez bien, tout de même! Toutes les cartes de visite portent le même nom. Regardez, lisez!

Il tend quelques cartes de visite à Édouard.

ÉDOUARD, *lisant le nom inscrit sur les cartes.*

En effet... le même nom... partout le même nom... c'est juste!

BÉRENGER

Ah... mais... cela devient de plus en plus bizarre, mon cher Édouard, oui *(le regardant)* ...de plus en plus bizarre!

ÉDOUARD

Est-ce que vous pensez que...

BÉRENGER, *sortant de la boîte les objets dont il parle.*

Et voilà son adresse... *(Édouard toussote légèrement, avec un semblant d'inquiétude.)* Et sa carte d'identité... sa photo!... C'est bien lui... Sa propre photo épinglée sur celle du colonel! *(Avec une agitation grandissante.)* Un répertoire avec... avec... les noms de toutes les victimes... leurs adresses!... On l'aura, Édouard, on l'aura!

ÉDOUARD, *sortant, on ne sait d'où, un petit coffret; il le sort peut-être de sa poche, d'une de ses manches, comme un prestidigitateur. Cela peut être une boîte plate, qui prend la forme d'un cube au moment où on la montre :*

Il y a cela aussi...

BÉRENGER, *nerveusement.*

Montrez, vite! *(Il ouvre le petit coffret, en sort d'autres documents, les étend sur la table.)* Un cahier... *(Il le feuillette.)* « Treize janvier : aujourd'hui, je vais tuer... quatorze janvier : j'ai jeté, hier soir, dans le bassin, une vieille femme qui avait des lunettes cerclées d'or... » C'est son journal intime! *(Il feuillette, haletant, tandis qu'Édouard semble se sentir mal à l'aise.)* « Vingt-trois janvier : rien à tuer aujourd'hui. Vingt-cinq janvier : rien à me mettre sous la dent aujourd'hui non plus!... »

ÉDOUARD, *timidement.*

Nous ne sommes pas indiscrets?

BÉRENGER, *continuant.*

« Vingt-six janvier : Hier soir, alors que je ne l'espérais plus et m'ennuyais beaucoup, j'ai pu décider deux personnes à contempler, près du bassin, la photo du colonel... février : demain, je crois pouvoir décider une jeune fille blonde, que je travaille déjà depuis quelque temps, à regarder la photo... » Ah, celle-là c'est Dany, la malheureuse, ma fiancée...

ÉDOUARD

Cela me semble probable.

BÉRENGER, *feuilletant toujours le cahier.*

Mais regardez, Édouard, regardez, c'est in-croyable...

ÉDOUARD, *lisant par-dessus l'épaule de Bérenger.*

Criminologie. Cela veut dire quelque chose?

BÉRENGER

Cela veut dire : essai sur le crime... Nous avons là sa profession de foi, sa doctrine... Et voici, vous voyez? Lisez donc...

ÉDOUARD, *même jeu, lisant.*

Aveux détaillés.

BÉRENGER

Nous le tenons, le misérable!

ÉDOUARD, *même jeu, lisant.*

Projets d'avenir. Plan d'action.

BÉRENGER

Dany, ma chère, tu seras vengée! *(A Édouard.)* Vous avez là toutes les preuves. Nous pouvons le faire arrêter. Vous en rendez-vous compte?

ÉDOUARD, *balbutiant.*

Je ne savais pas... je ne savais pas...

BÉRENGER

Vous auriez pu épargner tant de vies humaines!

ÉDOUARD, *même jeu.*

Oui... Je m'en aperçois. Je suis confus. Je ne

savais pas. Je ne sais jamais ce que j'ai, je ne
regarde pas dans ma serviette.

BÉRENGER

C'est une négligence condamnable.

ÉDOUARD

C'est vrai, je m'en excuse, je suis navré.

BÉRENGER

Enfin, tout de même, ces choses ne sont pas
venues toutes seules là-dedans. Vous les avez trou-
vées, vous les avez reçues.

ÉDOUARD, *toussant, s'épongeant le front, chancelant.*

... Je suis honteux... je ne m'explique pas... je
ne comprends pas... Je...

BÉRENGER

Ne rougissez pas. Vous me faites pitié, cher
ami. Vous rendez-vous compte que vous êtes en
partie responsable de l'assassinat de Dany?... Et
de tant d'autres!

ÉDOUARD

Pardonnez-moi... je ne savais pas.

BÉRENGER

Voyons ce qu'il nous reste à faire. *(Gros soupir.)*
Il est inutile, hélas, de regretter le passé. Vos
remords ne servent à rien.

ÉDOUARD

Vous avez raison, vous avez raison, vous avez raison. *(Puis, faisant un effort de mémoire.)* Ah, oui, je me rappelle à présent. C'est drôle, c'est-à-dire, non, ce n'est pas drôle. Le criminel m'avait envoyé son journal intime, ses notes, ses fiches, il y a bien longtemps, me priant de les publier dans une revue littéraire. C'était avant l'accomplissement des meurtres.

BÉRENGER

Pourtant, il note ce qu'il vient de faire. Avec des détails. C'est comme un journal de bord.

ÉDOUARD

Non, non. A ce moment, c'était simplement des prévisions... des prévisions imaginaires. J'avais complètement perdu tout cela de vue. Je crois que lui-même ne pensait pas perpétrer tous ces crimes. Son imagination l'a entraîné. Il n'a dû songer que par la suite à mettre ses projets en acte. Moi, pour ma part, j'avais pris cela pour des rêveries ne portant pas à conséquence...

BÉRENGER, *levant les bras au ciel.*

Vous êtes d'une naïveté!

ÉDOUARD, *continuant.*

... Quelque chose comme de l'assassinat-fiction, de la poésie, de la littérature...

BÉRENGER

La littérature mène à tout. Ne le saviez-vous pas?

ÉDOUARD

On ne peut pas empêcher les écrivains d'écrire, ni les poètes de rêver.

BÉRENGER

On devrait.

ÉDOUARD

Je regrette de ne pas avoir réfléchi à la question, de ne pas avoir mis tous ses documents en rapport avec les événements...

> *Tout en parlant, Édouard et Bérenger commencent à ramasser, et remettre, dans la mesure du possible, à l'intérieur de la serviette, les objets éparpillés sur la table, par terre, sur les autres meubles.*

BÉRENGER, *tout en mettant les objets dans la serviette.*

Le rapport est pourtant bien celui de l'intention à la réalisation, ni plus ni moins, c'est clair comme le jour...

ÉDOUARD, *sortant de sa poche une grande enveloppe.*

Il y a ceci encore!

BÉRENGER

Qu'est-ce que c'est? *(Ils déplient l'enveloppe.)* Ah, c'est une carte, un plan... Ces croix sur le plan, qu'est-ce que cela signifie?

ÉDOUARD

Je crois que... mais oui... ce sont les endroits où doit se trouver l'assassin...

BÉRENGER, *examinant la carte étendue
sur toute la table.*

Et ceci ? Neuf heures quinze, treize heures vingt-sept, quinze heures quarante-cinq, dix-huit heures trois...

ÉDOUARD

C'est son horaire, vraisemblablement. Fixé à l'avance. Lieu par lieu, heure par heure, minute par minute.

BÉRENGER

... Vingt-trois heures, neuf minutes, deux secondes...

ÉDOUARD

Seconde par seconde. Il ne perd pas son temps.

*Il a dit cela avec un mélange d'admiration et
d'indifférence.*

BÉRENGER

Ne perdons pas le nôtre non plus. C'est simple. Avertissons la police. Il ne reste plus qu'à le cueillir. Mais, dépêchons-nous, les bureaux de la Préfecture ferment avant la nuit. Après, il n'y a plus personne. D'ici demain, il pourrait peut-être modifier ses plans. Allons vite voir l'Architecte, le Commissaire.

ÉDOUARD

Vous devenez un homme d'action. Moi...

BÉRENGER, *continuant.*

Montrons-lui les preuves!

ÉDOUARD, *assez mou.*

Je veux bien.

BÉRENGER, *agité.*

Alors, allons-y. Pas une seconde à perdre!
Terminons de ranger tout cela... *(Ils entassent
comme ils peuvent les objets dans l'énorme serviette,
dans leurs poches, dans la doublure des chapeaux.)*
N'oublions aucun des documents... vite.

ÉDOUARD, *encore plus mou.*

Mais oui, mais oui.

BÉRENGER, *finissant de remplir la serviette.*
Cependant, quelques cartes de visite,
quelques objets
pourront encore se trouver sur le plancher,
sur la table.

Vite, ne dormez pas, vite, vite... Il nous faut
toutes les preuves... Allons, fermez bien maintenant... fermez à clef... *(Édouard, un peu bousculé,
essaie vainement de fermer, avec une petite clef, la serrure de la serviette; il s'arrête un peu pour tousser.)*
A double tour!... Ce n'est pas le moment de tousser! *(Édouard s'efforce de ne pas tousser, tout en continuant son jeu.)* Ah, là, là que vous êtes maladroit,
vous n'avez aucune force dans vos doigts. Un peu
de vie, voyons, un peu de vie!... Remuez donc.
Ah, donnez-moi cela...

Il prend des mains d'Édouard la petite clef et la serviette.

ÉDOUARD

Excusez-moi, je ne suis vraiment pas adroit de mes mains...

BÉRENGER

C'est votre serviette, vous ne savez même pas la fermer... Laissez-moi donc la clef, voyons.

Il arrache, assez vivement, la clef des mains d'Édouard qui la lui avait reprise.

ÉDOUARD

Prenez-la, la voilà, tenez.

BÉRENGER, *il boucle la serviette.*

Comment pensez-vous fermer sans clef? Ça y est. Gardez-la...

ÉDOUARD

Merci.

BÉRENGER

Mettez-la dans votre poche. Vous allez la perdre. (*Édouard lui obéit.*) C'est cela. Allons... (*Édouard reprend sa serviette; Bérenger va vers la porte, suivi, contre son gré, par Édouard; il se retourne vers Édouard.*) Ne laissez pas la lumière allumée, éteignez, s'il vous plaît. (*Édouard se retourne. Il va éteindre. Pour ce faire, il laisse la serviette qu'il oubliera près de la chaise. Ceci doit se faire très visiblement.*) Allons... Allons... Bougez... Bougez...

Ils sortent tous les deux très vite.

*On entend la porte s'ouvrir, se refermer, cla-
quer. On entend leurs pas dans l'entrée. On les
voit dans la rue, tandis que les bruits de la ville
se font de nouveau entendre. Dans leur précipitation, ils bousculent la Concierge que l'on voit
devant la fenêtre. Bérenger traîne Édouard par
la main.*

LA CONCIERGE, *bousculée,*
tandis que Bérenger et Édouard disparaissent.

On n'a pas idée!...

*Elle bredouille la suite, d'une façon incompré-
hensible.*

RIDEAU

ACTE III

DÉCOR

*Une sorte de grande avenue, en marge de la ville.
Dans le fond du décor, la perspective est obstruée. A cet
endroit, la rue est sans doute surélevée, du côté que l'on
ne voit pas. Cette surélévation, large de quelques mètres
est bordée d'une rampe. Du côté du plateau que l'on
peut apercevoir de la salle, des escaliers mènent, également bordés d'une rampe, au trottoir supérieur. Ces
quelques marches de pierre doivent être semblables à
celles de certaines vieilles rues de Paris, comme la rue
Jean-de-Beauvais. Plus tard, dans le fond, le soleil couchant, rouge, énorme, mais sans éclat. L'éclairage ne
vient pas de lui. Ainsi donc, dans le fond, c'est comme
s'il y avait une sorte de mur qui s'élève à un mètre et
demi ou deux mètres, suivant la hauteur du plateau.
Dans la seconde partie de cet acte ce mur devra se défaire
laissant voir une perspective, la perspective d'une
longue rue avec, dans le lointain, des bâtiments : les
bâtiments de la Préfecture. Le plateau peut être en
pente. L'escalier, dans ce cas, n'est peut-être plus
utile.*

*A droite de la scène, au premier plan, un petit banc.
Avant le lever du rideau, on entend des cris : « Vive*

les oies de la mère Pipe! Vive les oies de la mère Pipe! »

Le rideau se lève.

Au lever du rideau, dans la partie surélevée, dans le fond du plateau, à mi-corps, la mère Pipe, derrière le mur-parapet, grosse bonne femme qui ressemble à la concierge du premier acte. Elle s'adresse à une foule que l'on n'aperçoit pas : on aperçoit seulement deux ou trois drapeaux portant une oie au milieu. L'oie blanche se détache sur le fond vert des drapeaux.

LA MÈRE PIPE, *portant elle aussi
un drapeau vert avec une oie au milieu.*

Peuple! Moi, la mère Pipe, qui élève des oies publiques, j'ai une longue expérience de la vie politique. Confiez-moi le chariot de l'État que je vais diriger et qui sera traîné par mes oies. Votez pour moi. Faites-moi confiance. Mes oies et moi demandons le pouvoir.

Cris de la foule. Les drapeaux s'agitent : « Vive la mère Pipe! Vive les oies de la mère Pipe! » Bérenger entre suivi d'Édouard par la droite. Édouard est essoufflé. Bérenger le traîne après lui, en le tirant par la manche. Ils traversent ainsi, de droite à gauche, de gauche à droite, le plateau. Pendant les répliques dites par Édouard et Bérenger, on n'entendra plus parler la mère Pipe. On la verra seulement faire des gestes et ouvrir toute grande la bouche, tandis que les acclamations de la foule cachée ne formeront plus qu'un arrière-fond sonore, atténué. Le discours de la mère Pipe et les bruits des voix s'entendent de nouveau, bien sûr, entre les répliques d'Édouard et celles de Bérenger.

BÉRENGER

Allons, dépêchez-vous, dépêchez-vous donc. Encore un petit effort. C'est là-bas, tout au bout. *(Il montre du doigt.)* Là-bas, les bâtiments de la Préfecture, il faut arriver à temps, avant la fermeture des bureaux; dans une demi-heure, ce sera trop tard. L'Architecte, je veux dire le Commissaire, ne sera plus là. Je vous ai dit pourquoi on ne peut attendre jusqu'à demain. D'ici demain, le tueur pourrait prendre le large... ou faire d'autres victimes encore! Il doit sentir que je suis à ses trousses.

ÉDOUARD, *essoufflé, mais poli.*

Une seconde, s'il vous plaît, vous m'avez fait courir trop vite...

LA MÈRE PIPE

Concitoyens, concitoyennes...

BÉRENGER

Allons, allons.

ÉDOUARD

Laissez-moi me reposer... Je n'en peux plus.

BÉRENGER

Nous n'avons pas le temps.

LA MÈRE PIPE

Concitoyens, concitoyennes...

ÉDOUARD

Je n'en peux plus.

Il s'assoit sur le banc.

BÉRENGER

Bon. Tant pis. Une seconde, pas plus. *(Il reste debout près du banc.)* Tiens, quel est cet attroupement?

ÉDOUARD

Une réunion électorale.

LA MÈRE PIPE

Votez pour nous! Votez pour nous!

BÉRENGER

On dirait ma concierge.

ÉDOUARD

Vous avez des hallucinations. C'est un homme politique, la mère Pipe éleveuse d'oies. Une forte personnalité.

BÉRENGER

Son nom me dit quelque chose. Mais je n'ai pas le temps de l'écouter.

ÉDOUARD, *à Bérenger.*

Asseyez-vous un instant, vous êtes fatigué.

LA MÈRE PIPE

Peuple, tu es mystifié. Tu seras démystifié.

BÉRENGER, *à Édouard*.

Je n'ai pas le temps d'être fatigué.

VOIX DE LA FOULE

A bas la mystification! Vive les oies de la mère Pipe!

ÉDOUARD, *à Bérenger*.

Je m'excuse. Une seconde. Vous avez dit : une seconde.

LA MÈRE PIPE

J'ai élevé pour vous tout un troupeau de démystificateurs. Ils vous démystifieront. Mais il faut mystifier pour démystifier. Il nous faut une mystification nouvelle.

BÉRENGER

Nous n'avons pas le temps, nous n'avons pas le temps!

VOIX DE LA FOULE

Vive la mystification des démystificateurs.

BÉRENGER

Nous n'avons pas un instant à perdre! *(Il s'assoit tout de même, en regardant sa montre.)* L'heure avance.

VOIX DE LA FOULE

Vive la nouvelle mystification!

BÉRENGER, *à Édouard*.

Allons.

ÉDOUARD, *à Bérenger.*

Ne vous inquiétez pas. C'est la même heure que tout à l'heure, vous voyez bien.

LA MÈRE PIPE

Je vous promets de tout changer. Pour tout changer, il ne faut rien changer. On change les noms, on ne change pas les choses. Les anciennes mystifications n'ont pas résisté à l'analyse psychologique, à l'analyse sociologique. La nouvelle sera invulnérable. Il n'y aura que des malentendus. Nous perfectionnerons le mensonge.

BÉRENGER, *à Édouard.*

Partons.

ÉDOUARD

Si vous voulez.

BÉRENGER, *s'apercevant qu'Édouard,*
qui se lève péniblement, n'a plus sa serviette.

Où est votre serviette?

ÉDOUARD

Ma serviette? Quelle serviette? Ah, oui, ma serviette. Elle doit être sur le banc. *(Il regarde sur le banc.)* Non. Elle n'est pas sur le banc.

BÉRENGER

C'est extraordinaire! Vous l'avez toujours sur vous!

ÉDOUARD

Elle est peut-être sous le banc.

LA MÈRE PIPE

Nous allons désaliéner l'humanité!

BÉRENGER, *à Édouard.*

Mais cherchez-la, cherchez-la donc.

Ils se mettent à chercher la serviette sous le banc, sur le plateau, par terre.

LA MÈRE PIPE, *à la foule.*

Pour désaliéner l'humanité il faut aliéner chaque homme en particulier... et vous aurez la soupe populaire!

VOIX DE LA FOULE

Nous aurons la soupe populaire et les oies de la mère Pipe!

BÉRENGER, *à Édouard.*

Cherchons, dépêchons-nous. Où avez-vous pu la laisser?

LA MÈRE PIPE, *à la foule,*
pendant que Bérenger et Édouard
cherchent la serviette, Bérenger fiévreusement,
Édouard avec nonchalance.

Nous n'allons plus persécuter, mais nous punirons et nous ferons justice. Nous ne coloniserons pas les peuples, nous les occuperons pour les libérer. Nous n'exploiterons pas les hommes, nous les ferons produire. Le travail obligatoire s'appellera travail volontaire. La guerre s'appellera la paix et tout sera changé, grâce à moi et à mes oies.

BÉRENGER, *cherchant toujours.*

C'est inconcevable, c'est inconcevable, où a-t-elle pu passer? J'espère qu'on ne vous l'a pas volée. Ce serait une catastrophe, une catastrophe!

VOIX DE LA FOULE

Vive les oies de la mère Pipe! Vive la soupe populaire!

LA MÈRE PIPE

La tyrannie restaurée s'appellera discipline et liberté. Le malheur de tous les hommes c'est le bonheur de l'humanité!

BÉRENGER, *à Édouard.*

Vous ne vous rendez pas compte, c'est un désastre, nous ne pouvons rien faire sans nos preuves, sans les documents. On ne nous croira pas.

ÉDOUARD, *à Bérenger, avec nonchalance.*

Ne vous inquiétez pas, nous la retrouverons. Cherchons tranquillement. Le tout c'est d'avoir du calme.

Ils se remettent à chercher.

LA MÈRE PIPE, *à la foule.*

Nos procédés seront plus que scientifiques. Ils seront para-scientifiques! Notre raison sera fondée sur la colère. Et vous aurez la soupe populaire...

VOIX DE LA FOULE

Vive la mère Pipe! Vive les oies! Vive les oies!

VOIX DANS LA FOULE

Et nous serons désaliénés, grâce à la mère Pipe.

LA MÈRE PIPE

L'objectivité est subjective à l'ère de la para-science.

BÉRENGER, *se tordant les mains, à Édouard.*

C'est un coup du malfaiteur.

ÉDOUARD, *à Bérenger.*

C'est intéressant ce que dit la mère Pipe!

VOIX DE LA FOULE

Vive la mère Pipe!

BÉRENGER, *à Édouard.*

Je vous dis que c'est un coup du malfaiteur.

ÉDOUARD, *à Bérenger.*

Vous pensez?

> *Apparaît par la gauche, une serviette à la main, un homme ivre mort, vêtu d'un frac et d'un haut-de-forme.*

L'HOMME

Je suis... *(hoquet)* je suis pour *(hoquet)*... la réhabilitation du héros.

BÉRENGER, *apercevant l'Homme.*

Voilà la serviette! C'est lui qui l'a.

> *Il se dirige vers l'Homme.*

ÉDOUARD

Vive la mère Pipe!

BÉRENGER, *à l'Homme.*

Où avez-vous trouvé cette serviette? Rendez-moi la serviette.

L'HOMME

Vous n'êtes pas pour la réhabilitation du héros?

LA MÈRE PIPE, *à la foule.*

Quant aux intellectuels...

BÉRENGER, *essayant d'arracher la serviette des mains de l'Homme.*

Voleur!... Lâchez donc cette serviette!

LA MÈRE PIPE, *à la foule.*

... Nous les mettrons au pas de l'oie! Vive les oies!

L'HOMME, *entre deux hoquets, tenant fortement la serviette.*

Je ne l'ai pas volée. C'est ma serviette.

VOIX DE LA FOULE

Vive les oies!

BÉRENGER, *à l'Homme.*

D'où l'avez-vous? Où l'avez-vous achetée?

L'HOMME, *secoué par Bérenger, a le hoquet.*
A Édouard.

Vous reconnaissez bien votre serviette?

ÉDOUARD

On dirait... il me semble.

BÉRENGER, *à l'Homme.*

Alors, rendez-la-moi.

L'HOMME

Je suis pour le héros.

BÉRENGER, *à Édouard.*

Aidez-moi!

Bérenger s'acharne sur l'Homme.

ÉDOUARD

Mais oui.

Il s'approche de l'Homme mais laisse Bérenger s'acharner tout seul contre celui-ci. Il regarde du côté de la mère Pipe.

LA MÈRE PIPE

En démystifiant les mystifications depuis long-temps démystifiées, les intellectuels nous fou-tront la paix.

VOIX DE LA FOULE

Vive la mère Pipe!

L'HOMME

Je vous dis que c'est la mienne.

LA MÈRE PIPE

Ils seront niais, donc intelligents. Ils seront courageux, c'est-à-dire lâches; lucides, c'est-à-dire aveugles.

ÉDOUARD et VOIX DE LA FOULE

Vive la mère Pipe!

BÉRENGER, *à Édouard.*

Ce n'est pas le moment de faire le badaud. Laissez la mère Pipe.

ÉDOUARD, *à l'Homme, avec tiédeur.*

Rendez-lui la serviette ou bien dites où vous l'avez achetée.

L'HOMME, *hoquet.*

Nous avons besoin de héros!

BÉRENGER, *à l'Homme,
ayant enfin réussi à arracher la serviette.*

Qu'est-ce qu'il y a dedans?

L'HOMME

Je ne sais pas, des documents.

BÉRENGER, *ouvrant la serviette.*

Enfin! Espèce d'ivrogne.

ÉDOUARD, *à l'Homme.*

Qu'est-ce que vous entendez par héros?

LA MÈRE PIPE

Nous ferons des pas en arrière et nous serons à l'avant-garde de l'histoire!

L'HOMME, *pendant que Bérenger*
fouille dans la serviette et qu'Édouard y jette,
par-dessus l'épaule de Bérenger, un regard distrait.

Héros? C'est celui qui ose penser contre l'histoire et qui s'élève contre son temps. *(Fort.)* A bas la mère Pipe.

BÉRENGER, *à l'Homme.*

Vous êtes complètement ivre!

L'HOMME

Le héros combat son temps, il crée un autre temps.

BÉRENGER, *sortant des bouteilles de vin*
de la serviette de l'Homme.

Des bouteilles de vin!

L'HOMME

A moitié vides! Ce n'est pas un crime!

LA MÈRE PIPE

...car l'histoire a raison!

L'HOMME, *poussé par Bérenger,*
s'exclame en titubant et en tombant le derrière par terre.

... Oui... quand la raison déraisonne...

BÉRENGER

Et vous êtes raisonnable, vous, à vous enivrer

comme vous faites? *(A Édouard.)* Mais alors où est votre serviette?

L'HOMME

Je vous disais bien que c'était la mienne! A bas la mère Pipe!

ÉDOUARD, *toujours indifférent et immobile.*

Comment savoir? Je la cherche, vous voyez bien.

VOIX DE LA FOULE

Vive la mère Pipe! Vive les oies de la mère Pipe! Elle change tout, ne change pas, change tout, ne change pas! *(Scandé.)*

BÉRENGER, *à Édouard.*

Vous êtes impardonnable!

L'HOMME, *se relevant en titubant.*

A bas la mère Pipe!

ÉDOUARD, *à Bérenger, pleurnichant.*

Oh, vous m'offensez! Je suis malade.

BÉRENGER, *à Édouard.*

Excusez-moi, que voulez-vous! Comprenez mon état.

> *A ce moment un petit vieillard, petite bar-
> biche blanche, l'air timide, pauvrement vêtu,
> entre par la droite en tenant, d'une main, un
> parapluie et de l'autre une énorme serviette noire,*

identique à celle qu'avait Édouard au second acte.

L'HOMME, *montrant le Vieillard.*

La voilà votre serviette! C'est peut-être ça.

Bérenger se précipite vers le Vieillard.

LA MÈRE PIPE

Si l'idéologie ne colle pas avec la réalité, nous prouverons qu'elle colle et ce sera parfait. Les bons intellectuels nous appuieront. Contre les vieux mythes, ils vous feront des antimythes. Nous remplacerons les mythes...

BÉRENGER, *au Vieillard.*

Pardon, Monsieur.

LA MÈRE PIPE

...par des slogans!... Et par les nouvelles idées reçues!

LE VIEILLARD, *saluant avec son chapeau.*

Pardon, Monsieur, où se trouve le Danube s'il vous plaît?

L'HOMME, *au Vieillard.*

Êtes-vous pour le héros?

BÉRENGER, *au Vieillard.*

Votre serviette ressemble à celle de mon ami *(il le montre du doigt),* Monsieur Édouard.

ÉDOUARD, *au Vieillard*.

Très honoré de vous connaître.

VOIX DE LA FOULE

Vive la mère Pipe!

LE VIEILLARD, *à Édouard*.

La rue du Danube, s'il vous plaît.

BÉRENGER

Il ne s'agit pas de la rue du Danube.

LE VIEILLARD

Pas la rue du Danube. Le Danube lui-même.

L'HOMME

Mais nous sommes à Paris.

LE VIEILLARD, *à l'Homme*.

Je le sais. Je suis Parisien moi-même.

BÉRENGER, *au Vieillard*.

Il s'agit de la serviette!

L'HOMME, *au Vieillard*.

Il veut voir ce qu'il y a dans votre serviette.

LE VIEILLARD

Ça ne regarde personne. Moi-même je ne le
sais pas. Je suis discret avec moi-même.

BÉRENGER

De gré ou de force vous allez nous montrer...

Bérenger, l'Homme et même Édouard tentent d'arracher la serviette des mains du Vieillard qui s'y oppose, en protestant.

LE VIEILLARD, *se débattant.*

Je ne permettrai pas!

LA MÈRE PIPE

Il n'y aura plus de profiteurs. C'est moi et mes oies...

Tous se précipitent et bousculent le Vieillard, essayant de prendre la serviette : l'Homme réussira à s'en saisir le premier; le Vieillard l'arrachera des mains de l'Homme; Édouard s'en ressaisira, le Vieillard la reprendra des mains d'Édouard. On peut compliquer le jeu en utilisant encore la serviette de l'Homme qu'on croira être celle du Vieillard. Déception à la vue des bouteilles, etc.

BÉRENGER, *à Édouard.*

Nigaud!

Il se ressaisit de la serviette, le Vieillard la reprendra à nouveau, l'Homme la reprend des mains du Vieillard.

L'HOMME *la tend à Édouard.*

La voilà.

Le Vieillard la reprend, il veut s'enfuir, on le rattrape, etc. Pendant tout ce jeu la mère Pipe continue son discours.

LA MÈRE PIPE

...moi et mes oies qui distribuerons les biens publics. Nous partagerons équitablement. J'en garderai la part du lion pour moi et mes oies...

VOIX DE LA FOULE

Vive les oies!

LA MÈRE PIPE

...pour fortifier les oies afin qu'elles puissent tirer avec plus de force les charrettes de l'État.

VOIX DE LA FOULE

La part du lion pour les oies! La part du lion pour les oies!

L'HOMME, *criant vers la mère Pipe.*

Et la liberté de la critique?

LA MÈRE PIPE

Et marchons tous au pas de l'oie.

VOIX DE LA FOULE

Au pas de l'oie, au pas de l'oie.

> *On entend une sorte de marche cadencée et la foule qui crie : « Au pas de l'oie, au pas de l'oie. » Pendant ce temps, le Vieillard a réussi à s'enfuir avec sa serviette. Il sort de scène par la gauche suivi par Bérenger. Édouard qui a fait mine de suivre Bérenger et le Vieillard, revient sur ses pas et va s'étendre sur le banc en toussotant. L'homme ivre se dirige vers lui.*

L'HOMME, *à Édouard.*

Ça ne va pas! Buvez un coup!

> *Il veut lui offrir du vin de la bouteille à moitié vide.*

ÉDOUARD, *se défendant.*

Non, merci.

L'HOMME

Si, si, ça fait du bien. Ça remonte.

ÉDOUARD

Je ne veux pas être remonté.

> *L'Homme force Édouard à boire, il continue de se défendre; du vin coule par terre, la bouteille aussi peut tomber et se briser. L'Homme continue d'essayer de faire boire Édouard tout en s'adressant à la mère Pipe.*

L'HOMME, *très ivre.*

La science et l'art ont fait beaucoup plus pour changer la mentalité que la politique. La révolution véritable se fait dans les laboratoires des savants, dans les ateliers des artistes. Einstein, Oppenheimer, Breton, Kandinski, Picasso, Pavlov, voilà les authentiques rénovateurs. Ils étendent le champ de nos connaissances, renouvellent notre vision du monde, nous transforment. Bientôt, les moyens de production permettront à tout le monde de vivre. Le problème économique se résoudra de lui-même. Les révolutions publiques sont des ressentiments qui explosent maladroite-

ment. *(Il prend une autre bouteille de vin de sa serviette et en boit une grosse gorgée.)* La pénicilline et
la lutte contre l'alcoolisme sont bien plus efficaces
que les changements de gouvernements.

LA MÈRE PIPE, *à l'Homme.*

Salaud! Ivrogne! Ennemi du peuple! Ennemi
de l'histoire! *(A la foule.)* Je vous dénonce
l'ivrogne, ennemi de l'histoire.

VOIX DE LA FOULE

A bas l'ennemi de l'histoire! Tuons l'ennemi
de l'histoire!

ÉDOUARD, *se relevant péniblement.*

Nous allons tous mourir. C'est la seule aliéna-
tion sérieuse!

BÉRENGER *entre,*
tenant à la main la serviette du Vieillard.

Il n'y a rien dans la serviette!

LE VIEILLARD, *suivant Bérenger.*

Rendez-la-moi, rendez-la-moi!

L'HOMME

Je suis un héros! Je suis un héros! *(Il se précipite
en titubant vers le fond du plateau et monte les escaliers, vers la mère Pipe.)* Je ne pense pas comme tout
le monde! Je vais le leur dire!

BÉRENGER, *au Vieillard.*

Ce n'est pas la serviette d'Édouard, je vous la
rends, excusez-moi.

ÉDOUARD

N'y allez pas. Penser contre son temps, c'est de l'héroïsme. Mais le dire, c'est de la folie.

BÉRENGER

Ce n'est pas votre serviette. Mais alors où est la vôtre?

Pendant ce temps, l'Homme est arrivé en haut des marches, près de la mère Pipe.

LA MÈRE PIPE *fait apparaître une énorme serviette qu'on n'avait pas vue jusqu'à présent, la lève.*

Discutons librement! *(Elle frappe, de sa serviette, sur la tête de l'Homme.)* A moi, mes oies! Une pâture pour vous, mes oies!

La mère Pipe et l'Homme, luttant, tombent de l'autre côté de l'estrade. On verra, pendant la scène qui suivra, tantôt la tête de la mère Pipe, tantôt la tête de l'Homme, tantôt les deux à la fois, au milieu d'un vacarme épouvantable. Les voix crient : « Vive la mère Pipe! A bas l'ivrogne! » Puis à la fin des répliques qui vont suivre, une dernière fois, seule la tête de la mère Pipe réapparaîtra, hideuse. La mère Pipe dira, avant de disparaître : « Mes oies l'ont liquidé. » Style guignol.

ÉDOUARD

Le sage se tait. *(Au Vieillard.)* N'est-ce pas, Monsieur?

BÉRENGER, *se tordant les mains.*

Mais où est-elle! Il nous la faut.

LE VIEILLARD

Où se trouvent les quais du Danube? Vous pouvez me le dire maintenant.

> *Il arrange sa tenue, ferme sa serviette vide, reprend son parapluie.*
> *La mère Pipe frappe l'Homme de sa serviette, celle-ci s'ouvre. Des cartons rectangulaires en sont sortis, qui sont tombés par terre.*

BÉRENGER

Mais la voilà, Édouard, votre serviette! C'est la serviette de la mère Pipe. *(Il aperçoit les cartons qui sont tombés.)* Et voilà les documents!

ÉDOUARD

Vous croyez?

LE VIEILLARD, *à Édouard.*

Mais enfin, il a la manie de courir après toutes les serviettes. Que cherche-t-il?

> *Bérenger se baisse, ramasse les cartons et revient sur le devant de la scène, près d'Édouard et du Vieillard, d'un air désolé.*

ÉDOUARD

C'est ma serviette qu'il veut trouver!

BÉRENGER, *montrant les cartons.*

Ce ne sont pas les documents. Ce ne sont que des jeux de l'oie!

ÉDOUARD, *à Bérenger.*

C'est un jeu amusant. *(Au Vieillard.)* Vous ne trouvez pas?

LE VIEILLARD

Je n'y ai plus joué depuis longtemps.

BÉRENGER, *à Édouard.*

De quoi vous préoccupez-vous! Il s'agit de la serviette... De la serviette avec les documents. *(Au Vieillard.)* Les preuves, pour arrêter le malfaiteur!

LE VIEILLARD

Ah, c'est cela, il fallait le dire plus tôt.

C'est à ce moment que la tête de la mère Pipe, qui dit la réplique mentionnée plus haut, apparaît pour la dernière fois. Tout de suite après, on entend le bruit du moteur d'un camion, qui couvre les voix de la foule et aussi celles des trois personnages se trouvant sur le plateau et qui discutent, sans qu'on les entende, avec beaucoup de gestes. Un sergent de ville, d'une taille démesurée, apparaît, avec un bâton blanc et tape sur les têtes des gens qui sont de l'autre côté du mur et que l'on ne voit pas.

LE SERGENT DE VILLE, *que l'on voit de la tête jusqu'à mi-corps, tapant d'une main, sifflant de l'autre.*

Circulez, Messieurs-dames, circulez...

La foule crie : « La police, la police. Vive la
police! » *L'Agent continue de faire circuler, de la
même manière; les bruits de la foule s'atténuent
progressivement, puis ne s'entendent plus. Un
énorme camion militaire, venant de gauche, bouche
la moitié du haut du plateau.*

ÉDOUARD, *avec indifférence.*

Tiens, un camion militaire!

BÉRENGER, *à Édouard.*

Ne vous en occupez pas.

*Un autre camion militaire, venant du côté
opposé, bouche presque l'autre moitié du mur du
fond de la scène, laissant simplement une petite
place; l'Agent qui reste entre les deux camions,
en haut, derrière le mur où se trouvait la mère
Pipe, domine les camions.*

LE VIEILLARD, *à Bérenger.*

Il fallait le dire, que vous cherchiez la serviette
de votre ami, avec les preuves. Je sais où elle est.

LE SERGENT DE VILLE, *en haut,
entre les camions, sifflant.*

Circulez, circulez.

LE VIEILLARD, *à Bérenger.*

Votre ami a dû l'oublier chez vous, quand vous
êtes sortis, dans votre précipitation!

BÉRENGER, *au Vieillard.*

Comment le savez-vous?

ÉDOUARD

C'est vrai, j'aurais dû y penser! Vous nous avez vus?

LE VIEILLARD

Pas du tout. Mais je le déduis, tout simplement.

BÉRENGER, *à Édouard.*

Étourdi!

ÉDOUARD

Excusez-moi... Nous nous sommes tellement dépêchés!

> *Du camion militaire descend un jeune soldat, un bouquet d'œillets rouges à la main. Il s'en sert comme d'un éventail. Il va s'asseoir, avec son bouquet à la main, sur le haut du camion, les jambes pendantes.*

BÉRENGER, *à Édouard.*

Allez la chercher, allez donc la chercher tout de suite. Vous êtes ahurissant! Moi je vais prévenir le Commissaire, qu'il nous attende. Dépêchez-vous et tâchez de me rejoindre au plus tôt. La Préfecture est tout au bout. Dans une entreprise comme celle-ci, je n'aime pas être seul sur la route. C'est désagréable. Vous comprenez.

ÉDOUARD

Je vous comprends bien sûr, je vous comprends. *(Au Vieillard.)* Merci, Monsieur.

LE VIEILLARD, *à Bérenger.*

Pourriez-vous me dire maintenant où se trouve le quai du Danube?

BÉRENGER, *à Édouard, qui n'a pas bougé.*

Dépêchez-vous donc, ne restez pas là. Revenez vite.

ÉDOUARD

Entendu.

BÉRENGER, *au Vieillard.*

Je ne sais pas, Monsieur, excusez-moi.

ÉDOUARD *se dirige, à pas très lents,*
vers la droite, par où il va disparaître en disant,
nonchalamment.

C'est entendu, je me dépêche. Je me dépêche. Un instant. Un instant.

BÉRENGER, *au Vieillard.*

Il faut demander, il faut demander à un agent!

En sortant, Édouard manque de se heurter à un second agent de police, qui apparaît en sifflant, et faisant lui aussi des signaux avec son bâton blanc; il doit être d'une taille énorme. Pour cela, il doit être monté sur des échasses.

ÉDOUARD, *évitant l'Agent qui ne le regarde pas.*

Oh! Pardon, Monsieur l'Agent!

Il disparaît.

BÉRENGER, *au Vieillard.*

En voilà un. Vous pouvez vous renseigner.

LE VIEILLARD

Il est très occupé. Dois-je oser?

BÉRENGER

Mais oui. Il est gentil. *(Bérenger se dirige vers le fond de la scène après avoir crié, une dernière fois, en direction d'Édouard.)* Dépêchez-vous!

> Tandis que le Vieillard très timidement, très hésitant, se dirige vers le Deuxième Agent.

LE VIEILLARD, *timidement, au Deuxième Agent.*

Monsieur l'Agent! Monsieur l'Agent!

BÉRENGER, *il s'est dirigé vers le fond de la scène, et met le pas sur la première marche du fond.*

Allons, vite!

LE PREMIER AGENT, *entre deux coups de sifflet, pointant en bas, vers Bérenger, son bâton blanc, pour que celui-ci s'éloigne.*

Circulez, circulez.

BÉRENGER

C'est terrible. Quel embouteillage. Jamais, jamais je n'arriverai. *(S'adressant tantôt à l'un, tantôt à l'autre agent.)* Heureusement, Messieurs les Agents, que vous êtes là pour régler la circulation. Vous ne savez pas à quel point cet embouteillage est malencontreux pour moi!

LE VIEILLARD, *au Deuxième Agent.*

Excusez-moi, Monsieur l'Agent.

> *Pour s'adresser à l'Agent, le Vieillard a respec-*
> *tueusement enlevé son chapeau et salué bien bas;*
> *l'Agent ne répond pas, il se démène, fait des*
> *signaux, auxquels répond, lui aussi avec son*
> *bâton blanc, l'Agent qui se trouve comme perché*
> *de l'autre côté du mur et dont on ne voit toujours*
> *que le haut du corps et qui siffle énergiquement.*
> *Bérenger se démène, va en direction d'un agent,*
> *puis de l'autre.*

BÉRENGER, *au Premier Agent.*

Mais dépêchez-vous, j'ai besoin de passer. Il s'agit d'une mission très importante, salutaire.

LE PREMIER AGENT *continue de siffler*
et fait signe avec son bâton
à Bérenger de circuler.

Circulez!

LE VIEUX MONSIEUR, *au Deuxième Agent.*

Monsieur l'Agent... *(A Bérenger.)* Il ne répond pas. Il est très occupé.

BÉRENGER

Ah, ces camions qui ne démarrent plus. *(Il regarde sa montre.)* Heureusement, il est toujours la même heure. *(Au Vieillard.)* Demandez-lui, demandez-lui donc, il ne vous mangera pas.

LE VIEUX MONSIEUR,
au Deuxième Agent qui siffle toujours.

Monsieur l'Agent, s'il vous plaît.

LE DEUXIÈME AGENT, *au Premier.*

Fais reculer les camions! *(Bruit des moteurs des camions qui ne démarrent toujours pas.)* Fais-les avancer.

Mêmes bruits.

LE SOLDAT, *à Bérenger.*

Si je connaissais la ville, je lui donnerais le renseignement. Mais je ne suis pas d'ici.

BÉRENGER, *au Vieillard.*

Monsieur l'Agent doit vous donner satisfaction. C'est un honneur pour lui. Parlez-lui plus fort.

Le Soldat continue de s'éventer, pendant ce temps, avec son bouquet de fleurs rouges.

LE VIEUX MONSIEUR, *au Deuxième Agent.*

Je m'excuse, Monsieur l'Agent, écoutez-moi, Monsieur l'Agent.

LE DEUXIÈME AGENT

Quoi?

LE VIEUX MONSIEUR

Je voudrais vous demander, Monsieur l'Agent, un modeste renseignement!

L'AGENT DE POLICE, *rogue.*

Minute! *(Au Soldat.)* Pourquoi es-tu descendu de ton camion, toi? Hein?

LE SOLDAT

Je... je... mais puisqu'il s'est arrêté!...

BÉRENGER, *à part.*

Tiens, l'Agent a la voix du Commissaire. Serait-ce lui! *(Il va regarder de plus près.)* Non. Il n'était pas si grand.

LE DEUXIÈME AGENT, *de nouveau au Vieux Monsieur tandis que l'autre Agent règle toujours la circulation.*

Qu'est-ce que c'est encore, vous!

BÉRENGER, *à part.*

Non, ce n'est pas lui. Sa voix n'était tout de même pas aussi dure.

LE VIEUX MONSIEUR, *au Deuxième Agent.*

Le quai du Danube, s'il vous plaît, je m'excuse, Monsieur l'Agent.

LE DEUXIÈME AGENT

(Sa réponse s'adresse à la fois au Vieux Monsieur, au Premier Agent et aux chauffeurs invisibles des deux camions : cela déclenche, de la part de tout le monde, un mouvement général désordonné qui doit être comique; les deux camions bougent aussi.)

A gauche! A droite! Tout droit! En arrière! En avant!

> *Le Deuxième Agent de police, en haut, que l'on ne voit toujours que jusqu'à la ceinture, tourne la tête et bouge son bâton, « à gauche », « à droite », « tout droit », « en arrière », « en avant »; gestes symétriques de Bérenger, sur place; le Soldat fait de même avec son bouquet de fleurs. Le Vieux*

Monsieur fait un mouvement pour aller vers la gauche, puis vers la droite, puis tout droit, en arrière, en avant.

BÉRENGER, *à part.*

Tous les policiers ont la même voix.

LE VIEUX MONSIEUR, *revenant vers le Deuxième Agent de police.*

Excusez-moi, Monsieur l'Agent, excusez-moi, j'ai l'oreille un peu dure. Je n'ai pas très bien compris la direction que vous m'avez indiquée... où se trouve le quai du Danube, s'il vous plaît?...

LE DEUXIÈME AGENT, *au Vieux Monsieur.*

Vous vous payez ma tête! Non, mais, des fois...

BÉRENGER, *à part.*

Le Commissaire était plus aimable...

LE DEUXIÈME AGENT, *au Vieux Monsieur.*

Allez... ouste... si vous êtes sourd, ou si vous êtes idiot... foutez-moi le camp!

Sifflets du Deuxième Agent qui se démène après avoir bousculé et fait chanceler le Vieux Monsieur, qui a laissé tomber sa canne.

LE SOLDAT, *toujours sur les marches ou sur le toit du camion.*

Votre canne, Monsieur!

LE VIEUX MONSIEUR, *ramassant sa canne,*
au Deuxième Agent.

Ne vous fâchez pas, Monsieur l'Agent, ne vous
fâchez pas!

Il est très apeuré.

LE DEUXIÈME AGENT, *continuant*
de régler l'embouteillage.

A gauche...

BÉRENGER, *au Vieux Monsieur,*
tandis que les camions bougent un peu
dans le fond de la scène, menaçant, une seconde,
le Premier Agent d'écrasement.

L'attitude de cet agent est vraiment choquante!

LE PREMIER AGENT

Attention, crétins!

BÉRENGER, *au Vieux Monsieur.*

... Il a pourtant le devoir d'être poli avec le
public!...

LE PREMIER AGENT, *aux chauffeurs supposés*
des deux camions.

A gauche!

LE DEUXIÈME AGENT, *même jeu.*

A droite!

BÉRENGER, *au Vieux Monsieur.*

... Cela doit certainement être inscrit dans le
règlement!... *(Au Soldat.)* Vous ne pensez pas?

LE PREMIER AGENT, *même jeu.*

A droite!

LE SOLDAT, *très enfantin.*

Je ne sais pas... *(s'éventant avec les fleurs)* moi, j'ai mes fleurs.

BÉRENGER, *à part.*

Lorsque je verrai son chef, l'Architecte, je lui en parlerai.

LE DEUXIÈME AGENT, *même jeu.*

Tout droit!

LE VIEUX MONSIEUR

Ça ne fait rien, Monsieur l'Agent, excusez-moi...

Il sort à gauche.

LE DEUXIÈME AGENT, *même jeu.*

A gauche, gauche!

Tandis que le Deuxième Agent dit de plus en plus vite, d'une manière de plus en plus automatique : « Tout droit! à gauche! à droite! tout droit! en arrière! en avant!, etc. » l'autre Agent répète les ordres de la même manière, en tournant la tête, à droite, à gauche, etc., comme une marionnette.

BÉRENGER

Je pense, Monsieur le Soldat, que nous sommes trop polis, beaucoup trop timides, avec les poli-

ciers; nous leur avons donné de mauvaises habitudes, c'est notre faute!

> LE SOLDAT, *tendant le bouquet de fleurs*
> *à Bérenger qui s'est rapproché de lui*
> *et a monté une ou deux marches.*

Voyez, comme cela sent bon!

> BÉRENGER

Merci, non. Je n'en prends pas.

> LE SOLDAT

Ce sont des œillets, n'est-ce pas?

> BÉRENGER

Oui, mais là n'est pas la question. Je dois
absolument continuer ma route. Cet embouteillage, c'est une catastrophe!

> LE DEUXIÈME AGENT, *à Bérenger,*
> *puis il va vers le jeune Soldat,*
> *dont Bérenger s'est un peu éloigné.*

Circulez!

> BÉRENGER, *s'éloignant de l'Agent*
> *qui vient de lui adresser cet ordre.*

Ces camions vous ennuient aussi, Monsieur
l'Agent. Cela se voit sur votre visage. Vous avez
bien raison.

> LE DEUXIÈME AGENT, *au premier.*

Siffle tout seul, un instant.

> *Le Premier Agent continue son jeu.*

LE PREMIER AGENT

Entendu! Vas-y!

BÉRENGER, *au Deuxième Agent.*

... La circulation est devenue impossible. Surtout, lorsqu'il y a des choses... des choses qui ne peuvent attendre.

LE DEUXIÈME AGENT, *au Soldat,*
montrant du doigt le bouquet d'œillets rouges
que celui-ci tient toujours
dans sa main, en s'éventant.

Tu n'as pas autre chose à faire que de t'amuser avec ça?

LE SOLDAT, *poliment.*

Je ne fais pas de mal, Monsieur l'Agent, ce n'est pas cela qui empêche les camions de démarrer.

LE DEUXIÈME AGENT

Insolent, ça enraye le moteur!

Il donne une gifle au Soldat qui ne dit rien;
l'Agent est tellement grand qu'il n'a pas besoin de
monter les marches pour atteindre le Soldat.

BÉRENGER, *à part, au milieu du plateau, indigné.*
Oh!

LE DEUXIÈME AGENT, *arrachant les fleurs*
des mains du Soldat et les jetant,
loin, dans la coulisse.

Imbécile! tu n'as pas honte! Remonte dans ton camion avec tes camarades.

LE SOLDAT

Bien, Monsieur l'Agent.

LE DEUXIÈME AGENT, *au Soldat.*

Grouille-toi, grouille-toi donc, animal!

BÉRENGER, *à la même place.*

Ça c'est trop fort!

LE SOLDAT, *remontant dans son camion,*
aidé par un coup de poing du Deuxième Agent
et par un coup de bâton du Premier, sur la tête.

Oui, Monsieur! Oui, Monsieur!

Il disparaît dans le camion.

BÉRENGER, *au même endroit.*

Ça c'est trop fort!

LE DEUXIÈME AGENT, *aux autres militaires qui sont*
supposés être dans les camions; peut-être devrait-on les
voir sous forme de poupées ou peints sur des banquettes
également peintes, dans les camions.

Vous embarrassez la circulation! Vous nous
embêtez avec vos camions!

BÉRENGER, *à part, au même endroit.*

Je considère qu'un pays est perdu, dans lequel
la police a le pas... et la main sur l'armée.

LE DEUXIÈME AGENT, *se tournant vers Bérenger.*

De quoi vous mêlez-vous? Est-ce que ça vous
regarde...

BÉRENGER

Mais je n'ai rien dit, Monsieur l'Agent, je n'ai rien dit...

LE DEUXIÈME AGENT

Il est facile de deviner ce qui se passe dans les cerveaux des gens de votre espèce!

BÉRENGER

Comment savez-vous ce que...

LE DEUXIÈME AGENT

Cela ne vous regarde pas. Tâchez de rectifier vos mauvaises pensées...

BÉRENGER, *bafouillant.*

Mais pas du tout, Monsieur l'Agent, vous faites erreur, je m'excuse, mais pas du tout, je ne... jamais je n'aurais... Au contraire, même...

LE DEUXIÈME AGENT

D'abord, qu'est-ce que vous fichez là? Montrez-moi vos papiers!

BÉRENGER, *cherchant dans ses poches.*

Mais oui, comme vous voulez, Monsieur l'Agent... C'est votre droit!

LE DEUXIÈME AGENT, *qui se trouve maintenant au milieu du plateau, près de Bérenger qui, à ses côtés, paraît, évidemment, tout petit.*

Allez, plus vite que ça. Je n'ai guère de temps à perdre!

LE PREMIER AGENT, *toujours en haut,*
entre les deux camions.

Alors, tu me laisses faire tout seul le désembou-
teillage?

Il siffle.

LE DEUXIÈME AGENT, *criant vers le Premier.*

Une seconde. Maintenant, je m'occupe de Monsieur. *(A Bérenger.)* Plus vite que ça. Alors, ça ne
vient pas, les papiers?

BÉRENGER, *qui a trouvé ses papiers.*

Les voici, Monsieur l'Agent!

LE DEUXIÈME AGENT, *examinant les papiers,*
puis les rendant à Bérenger.

Ouais... Ouais... c'est en ordre!

Le Premier Agent siffle, agite son bâton blanc.
Bruits de moteurs des camions qui s'écartent très
légèrement l'un de l'autre, puis reviennent à leurs
places.

LE PREMIER AGENT, *au Deuxième.*

T'en fais pas. On l'aura quand même, à la pro-
chaine occasion!

BÉRENGER, *au Deuxième Agent,*
reprenant ses papiers.

Merci beaucoup, Monsieur l'Agent.

LE DEUXIÈME AGENT

Y a pas de quoi...

BÉRENGER, *au Deuxième Agent*
qui se préparait à s'éloigner.

Maintenant que vous savez qui je suis, et que vous connaissez mon cas, je me permets de vous demander votre conseil, et votre aide.

LE DEUXIÈME AGENT

Je ne le connais pas, votre cas.

BÉRENGER

Mais si, Monsieur l'Agent, voyons. Vous avez bien compris que je cherche le Tueur. Que puis-je faire d'autre dans ces parages?

LE DEUXIÈME AGENT

M'empêcher de régler la circulation, par exemple.

BÉRENGER, *sans avoir entendu*
cette dernière réplique.

... On peut mettre la main sur lui, j'ai toutes les preuves... C'est-à-dire, c'est Édouard qui les a, il me les apportera, elles sont dans sa serviette... Je les ai, en principe... en attendant, je dois me rendre à la Préfecture, c'est encore assez loin. Peut-on m'y accompagner?

LE DEUXIÈME AGENT, *au Premier.*

Tu l'entends? Il en a des prétentions!

LE PREMIER AGENT, *s'interrompant dans son jeu;*
au Deuxième.

Il est du milieu? C'est un indicateur?

LE DEUXIÈME AGENT, *au Premier.*

Même pas! Ah, ces cocos-là?

Il siffle pour la circulation.

BÉRENGER

Écoutez-moi, je vous en prie, c'est tout à fait sérieux. Vous avez vu. Je suis un homme honorable.

LE DEUXIÈME AGENT, *à Bérenger.*

Qu'est-ce que ça peut vous faire, tout ça?

BÉRENGER, *se redressant.*

Pardon, pardon, je suis citoyen, ça me regarde, cela nous concerne tous, nous sommes tous responsables des crimes qui... Enfin, je suis un vrai citoyen.

LE DEUXIÈME AGENT, *au Premier.*

Tu l'entends? Ce qu'il est bavard!

BÉRENGER

Je vous le demande encore une fois, Monsieur l'Agent. *(Au Premier Agent.)* Et à vous aussi!

LE PREMIER AGENT, *qui s'occupe toujours de la circulation.*

Ça va... ça va!

BÉRENGER, *continuant, au Deuxième Agent.*

... A vous aussi : peut-on m'accompagner jusqu'à la Préfecture? Je suis un ami du Commissaire, de l'Architecte!

LE DEUXIÈME AGENT

Ce n'est pas mon rayon. Vous n'êtes pas idiot, vous voyez bien que je suis dans la circulation!

BÉRENGER, *avec plus de courage.*

Je suis un ami du Commissaire!...

LE DEUXIÈME AGENT, *se penchant vers Bérenger, et lui criant presque dans l'oreille.*

Je-suis-dans-la-cir-cu-la-tion!

BÉRENGER, *reculant légèrement.*

Oui, oui, mais... tout de même... l'intérêt public!... le salut public!...

LE DEUXIÈME AGENT

Le salut public? On s'en occupe. Quand on a le temps. La circulation d'abord!

LE PREMIER AGENT

Qu'est-ce qu'il est cet individu?

BÉRENGER

Un simple citoyen, je vous assure...

LE PREMIER AGENT, *entre deux coups de sifflet.*

Est-ce qu'il a un appareil photographique?

BÉRENGER

Je n'en ai pas, Messieurs, fouillez-moi. *(Il montre le fond de ses poches.)* ... Je ne suis pas reporter...

LE DEUXIÈME AGENT, *à Bérenger*.

T'as de la chance de ne pas l'avoir sur toi, je t'aurais cassé la figure!

BÉRENGER

Je ne tiendrai pas compte de votre menace. Le salut public est plus important que ma personne. Il a tué Dany, aussi.

LE DEUXIÈME AGENT

Qui c'est, Dany?

BÉRENGER

Il l'a tuée!...

LE PREMIER AGENT, *entre deux coups de sifflet, des signaux, des : « A droite! à gauche! ».*

C'est sa poule...

BÉRENGER

Non, Monsieur, c'était ma fiancée. Ça devait l'être.

LE DEUXIÈME AGENT, *au Premier*.

C'est bien ça. Il veut venger sa poule.

BÉRENGER

Le crime ne doit pas rester impuni!

LE PREMIER AGENT

Ce qu'ils peuvent être têtus! Ah là là!

LE DEUXIÈME AGENT, *plus fort, revenant sur Bérenger*.

Ce n'est pas mon boulot, vous m'entendez?

Votre histoire ne m'intéresse pas. Puisque vous êtes copain avec le chef, allez donc le voir, et fichez-moi la paix.

BÉRENGER, *essayant de discuter.*

Monsieur l'Agent... Je... je...

LE DEUXIÈME AGENT, *même jeu,*
tandis que le Premier Agent rit sardoniquement.

...je suis gardien de la paix, donc fichez-la-moi! Vous connaissez la direction... *(Il lui montre le fond de la scène, bouché par les camions.)* ... Alors, déguerpissez, la voie est libre!

BÉRENGER

Bon, Monsieur l'Agent, bon, Monsieur l'Agent!

LE DEUXIÈME AGENT, *au Premier, ironiquement.*

Laisse passer Monsieur! *(Les camions s'écartent; tout le fond de la scène s'est défait, le décor devant être mobile.)* Laisse passer Monsieur! *(Le Premier Agent a disparu avec le mur du fond et les camions; on aperçoit, maintenant, dans le fond du plateau, une très longue rue ou avenue, avec, tout au loin dans le soleil couchant, le bâtiment de la Préfecture; un tramway en miniature traverse la scène, dans le lointain.)* Laisse passer Monsieur.

LE PREMIER AGENT, *réapparaissant et disparaissant*
avec le décor qui s'écarte au-dessus du toit d'une maison
de la rue qui vient de surgir.

Allez, filez!

Il lui fait signe de filer, et disparaît.

BÉRENGER

C'est bien ce que je fais!...

LE DEUXIÈME AGENT, *à Bérenger.*

Je vous déteste!

> *Le Deuxième Agent a soudainement disparu à son tour; la scène s'est légèrement obscurcie. Bérenger est maintenant seul.*

BÉRENGER, *en direction
du Deuxième Agent disparu.*

C'est plutôt moi qui serais en droit de vous dire cela! Je n'ai pas le temps pour le moment de... Mais vous aurez de mes nouvelles! *(Il crie vers les agents disparus.)* Vous au-rez-de-mes-nouvelles!!

> *L'Écho répond : « de-mes-nou-ve-elles »...*
> *Bérenger est donc absolument seul sur scène.*
> *Dans le fond, on ne voit plus le tramway en miniature. Le metteur en scène, le décorateur, le spécialiste de l'éclairage doivent faire sentir la solitude de Bérenger, le vide qui l'entoure, le désert de cette avenue entre la ville et la campagne. On peut faire disparaître une partie des décors mobiles, afin d'élargir le lieu scénique. Bérenger devra avoir l'air de marcher longtemps, pendant la scène qui suit. Si l'on ne dispose pas d'une plaque tournante, Bérenger peut faire des pas sur place. Puis, on pourra, par exemple, de nouveau faire apparaître des murs, les rapprocher en couloir, afin de donner l'impression que*

*Bérenger va être pris dans un guet-apens; la
lumière ne changera pas : c'est le crépuscule, avec
un soleil roux que l'on apercevra, aussi bien
lorsque la scène est large, qu'au fond du corridor
qui pourra être formé par les décors représentant
une sorte de longue rue étroite; c'est un temps, un
crépuscule figé.*

*Dans sa marche, Bérenger aura l'air de plus en
plus inquiet; il part, sur place ou non, d'un pas
très vif au début; ensuite, de plus en plus souvent, il se retournera, son pas se fera moins vif,
hésitant; il regardera, ensuite, à sa droite, à sa
gauche, de nouveau derrière lui; il aura l'air,
finalement, de vouloir s'enfuir, sera sur le point
de retourner, aura du mal à se retenir; puis, se
décidant avec effort, repartira de l'avant; si les
décors ne sont pas mobiles et ne peuvent changer
sans baisser le rideau ou sans que l'on fasse le
noir, Bérenger peut, tout aussi bien, aller d'un
bout à l'autre de la scène, puis faire le parcours en
sens inverse, etc. Finalement, il avancera avec
précaution, regardant de tous les côtés; pourtant,
vers la fin de l'acte, lorsque le dernier personnage
de cette pièce fera son apparition, — ou se fera
d'abord entendre, ou se fera entendre en même
temps qu'il apparaîtra, — Bérenger devra être pris
au dépourvu : ce personnage devra donc apparaître au moment où Bérenger regardera d'un
autre côté. D'autre part, l'apparition du personnage devra être préparée par Bérenger lui-même :
on devra sentir la proximité de sa présence
par la montée même de l'angoisse de Bérenger.*

BÉRENGER, *se mettant en marche,*
sur place, par exemple; tout en marchant,
il tourne la tête du côté des policiers,
coulisse droite, leur montre le poing.

Je ne peux pas tout faire à la fois! Je m'occupe
de l'assassin. Je m'occuperai de vous aussi. *(Il
marche deux secondes en silence, d'un pas pressé.)* Votre
attitude est inadmissible! Ce n'est pas beau de
rapporter, mais j'en parlerai quand même au
Commissaire en chef, vous pouvez en être sûrs!
(Il marche en silence.) Pourvu qu'il ne soit pas trop
tard! *(Bruit du vent; une feuille morte voltige; Bérenger relève le col de son pardessus.)* Ce vent, maintenant, par-dessus le marché. Et le jour qui baisse.
Édouard pourra-t-il me rejoindre à temps?
Édouard pourra-t-il me rejoindre à temps? Qu'il
est lent, ce garçon! *(Marche en silence; les transfor-
mations du décor se font pendant que Bérenger marche.)*
Il faudra tout changer. D'abord, il faudra
commencer par réformer la police... Ces gens-là
ne sont bons qu'à vous apprendre les bonnes
manières, mais quand vous avez vraiment besoin
d'eux... quand c'est pour vous défendre... à
d'autres... ils vous laissent tomber... *(Il se retourne.)*
Ils sont déjà loin avec leurs camions... Dépêchons-
nous. *(Il repart.)* Oui... quand c'est pour vous
défendre, ils aiment mieux vous laisser tomber!
(Il regarde devant lui.) Il faut que j'arrive avant la
nuit. Il paraît que la route n'est pas très sûre. C'est
encore loin... Ça n'approche pas... je n'avance
pas. C'est comme si je marchais sur place. *(Silence.)*
Elle n'en finit plus cette avenue, avec ces rails de

tramway... *(Silence.)* Voilà tout de même les bar-
rières, le boulevard extérieur... *(Il marche en
silence.)* Je frissonne. C'est le vent froid, la cause.
On dirait que j'ai peur, ce n'est pas vrai. Je suis
habitué à la solitude... *(Il marche en silence.)* J'ai
toujours été seul... Pourtant j'aime l'humanité,
mais de loin. Qu'est-ce que cela peut faire, puisque
je m'intéresse à son sort? La preuve : j'agis... *(Il
sourit.)* J'agis... j'agis... j'agis... difficile à pronon-
cer! Enfin, je cours des dangers peut-être, pour
elle... et pour Dany, aussi. Des dangers? L'Administration me défendra. Chère Dany, les agents de
police ont souillé ta mémoire. Ils me le paieront.
(Il regarde derrière lui, devant lui, il s'arrête.) Je suis
à mi-chemin. Pas tout à fait. A peu près... *(Il
repart, d'un pas indécis; en marchant, il jette des
regards derrière lui.)* Édouard! C'est vous Édouard?
(L'Écho répond : « ou... É... ouard... ») Non... ce
n'est pas Édouard!... Une fois qu'il sera arrêté,
ligoté, mis hors d'état de nuire, le printemps
reviendra pour toujours, toutes les cités seront
radieuses... Je serai récompensé. Ce n'est pas cela
que je cherche. Avoir fait mon devoir, suffit...
Pourvu qu'il ne soit pas trop tard, pourvu qu'il ne
soit pas trop tard. *(Bruit du vent ou cri d'une bête.
Bérenger s'arrête.)* Si je retournais... chercher
Édouard? On irait demain à la Préfecture. Oui,
j'irai demain, avec Édouard... *(Il fait demi-tour, un
pas vers le chemin du retour.)* Non. Édouard me
rejoindra certainement, d'une seconde à l'autre.
(A soi-même.) Pense à Dany. Je dois venger Dany.
Je dois empêcher le mal! Oui, oui, j'ai confiance.
D'ailleurs, je suis trop loin maintenant, il fait plus

sombre sur le chemin de la maison. C'est plus
clair par ici! Le chemin de la Préfecture est encore
le plus sûr. *(Il crie encore.)* Édouard! Édouard!

É-dou-ard... ou... ard...

BÉRENGER

On ne peut plus voir s'il vient ou non. Peut-
être est-il tout près. Allons. *(Reprenant sa route
avec beaucoup de précaution.)* Ça n'en a pas l'air,
mais j'ai fait du chemin... Si, si... on ne peut le
nier... On ne le dirait pas, mais j'avance...
J'avance... Il y a les champs labourés à ma droite
et là, la rue déserte... On ne risque plus d'embouteillage, au moins, on peut avancer! *(Il rit.
L'Écho répète vaguement le rire... Bérenger tourne la
tête, effrayé.)* Quoi?... C'est l'écho... *(Il reprend sa
marche.)* Il n'y a personne, voyons... Et là, qui
est-ce? là, derrière cet arbre! *(Il se précipite derrière un arbre dépouillé qui a pu apparaître dans le
décor en mouvement.)* Mais non, personne... *(Une
feuille d'un vieux journal tombe de l'arbre.)* Aah...
J'ai peur d'un journal maintenant. Je suis bête!
*(Il éclate de rire; l'Écho répète : « e... suis... bête... »,
ainsi que l'éclat de rire déformé.)* Il faut que j'avance...
Il faut continuer! Sous la protection de l'Administration, j'avance... j'avance... il faut... il faut...
(Arrêt.) Non. Non. Ce n'est pas la peine, de toute
façon, j'arriverai trop tard. Ce n'est pas ma faute,
c'est la faute de... c'est la faute de... de la circulation, l'embouteillage m'a retardé... Et surtout
la faute d'Édouard... il oublie tout, il oublie tout

celui-là... L'assassin va tuer peut-être cette
nuit... *(Sursaut.)* Je dois absolument empêcher
cela. Je dois y aller. J'y vais. *(Encore deux ou trois
pas en direction de la Préfecture supposée.)* Dans le
fond, cela revient au même, puisqu'il est trop
tard. Quelques victimes de plus, ce n'est pas
grand-chose, au point où nous en sommes!...
Nous irons demain, nous irons demain, Édouard
et moi, c'est bien plus simple, ce soir les bureaux
seront fermés, ils le sont peut-être déjà... A quoi
cela servirait de... *(Il crie vers la droite, en coulisse.)*
Édouard! Édouard!!

L'ÉCHO

É...ard... É...ard.

BÉRENGER

Il ne viendra plus. Pas la peine d'insister.
Il est trop tard. *(Il regarde sa montre.)* Ma montre
s'est arrêtée... Tant pis, rien n'est perdu pour
attendre... J'irai demain, avec Édouard!... Le
Commissaire l'arrêtera demain. *(Il se retourne.)*
Où est la maison? Pourvu que je m'y retrouve!
C'est par là! *(Il se retourne vivement, encore, et voit,
soudain, tout près, devant lui, le Tueur.)* Ah!...

> *Bien entendu, le décor ne bouge plus. Il n'y a
> d'ailleurs presque plus de décor. Il ne reste plus
> qu'un mur, un banc. Le vide de la plaine. Vague
> lueur à l'horizon. Les projecteurs éclairent les
> deux personnages d'une lumière blafarde, le
> reste est dans la pénombre.*

LE TUEUR *(ricanement; il est tout petit, mal rasé,
chétif, chapeau déchiré sur la tête, vieille gabardine*

*usée, il est borgne; son œil unique a des reflets d'acier;
figure immobile, comme figée; des vieux souliers aux
bouts troués laissent apparaître ses orteils; à son apparition, signalée par son ricanement, il doit se trouver
debout sur un banc, par exemple, ou sur un pan de
mur; il en descendra, tranquillement, et s'approchera,
à peine ricanant, de Bérenger; c'est à ce moment-là,
surtout, que l'on s'apercevra de la petitesse de sa taille.*

*Une autre possibilité : pas de Tueur. On n'entend que
son ricanement. Bérenger parle seul dans l'ombre).*

BÉRENGER

C'est lui, c'est le Tueur! *(Au Tueur.)* Alors,
c'est vous!

LE TUEUR *ricane, à peine.*

Bérenger regarde autour de lui, avec inquiétude.

BÉRENGER

Rien que la plaine assombrie, tout autour... Ce
n'est pas la peine de me le dire, je m'en aperçois
aussi bien que vous.

Il regarde en direction de la Préfecture, au loin.

LE TUEUR *ricane à peine.*

BÉRENGER

Elle est trop loin, la Préfecture? C'est ce que
vous venez de dire? Je le sais. *(Ricanement du
Tueur.)* Ou est-ce moi qui ai parlé? *(Ricanement
du Tueur.)* Vous vous moquez de moi! J'appelle
la police, on va vous arrêter. *(Ricanement du
Tueur.)* Vous dites que c'est inutile, on ne m'en-
tendrait pas d'ici?

> *L'assassin descend de son banc ou de son pan*
> *de mur et s'approche, avec une indifférence*
> *marquée, en ricanant vaguement, de Bérenger;*
> *il a les deux mains dans les poches.*

BÉRENGER, *à part.*

Ces sales flics, ils ont fait exprès de me laisser
seul avec lui. Ils veulent faire croire qu'il ne s'agit
que d'un règlement de comptes. *(A l'assassin,*
criant presque.) Pourquoi? Dites-moi pourquoi?!
(L'assassin ricane, hausse à peine les épaules; il est tout
près de Bérenger; Bérenger doit paraître non seulement
plus grand, mais aussi beaucoup plus vigoureux que le
Tueur presque nain. Bérenger éclate d'un rire nerveux.)
Oh, mais vous êtes bien chétif, trop chétif pour un
criminel, mon pauvre ami! Vous ne me faites pas
peur! Regardez-moi, regardez comme je suis plus
fort que vous. D'une chiquenaude, d'une chiquenaude, je peux vous faire tomber. Je vous mets
dans ma poche. M'avez-vous compris? *(Même*
ricanement de l'assassin.) Vous-ne-me-fai-tes-pas-
peur! *(Ricanement de l'assassin.)* Je pourrais vous
écraser comme un ver de terre. Je ne le ferai pas.
Je veux comprendre. Vous allez répondre à mes
questions. Vous êtes un être humain, après tout.
Vous avez, peut-être, des raisons. Vous devez
m'expliquer, sinon je ne sais ce que... Vous allez
me dire pourquoi... Répondez!

> *Le Tueur ricane, hausse à peine les épaules.*
> *Bérenger doit être pathétique et naïf, assez ridi-*
> *cule; tout son jeu doit paraître à la fois grotesque*
> *et sincère, dérisoire et pathétique. Il parle avec*

*une éloquence qui doit souligner les arguments
tristement inutiles et périmés, qu'il avance.*

BÉRENGER

Quelqu'un qui fait ce que vous faites, le fait
peut-être parce que... Écoutez... Vous avez empêché mon bonheur, celui de tant d'autres... Ce
quartier de la ville si lumineux, qui allait sans
doute rayonner dans le monde entier... un nouveau rayonnement de la France! S'il vous reste
encore un sentiment quelconque pour votre
patrie... cela aurait rayonné sur vous, cela vous
aurait touché vous aussi avec tant d'autres, vous
aurait rendu heureux vous-même... Il fallait
attendre, ce n'était guère qu'une affaire de
patience... L'impatience, c'est cela qui gâche
tout... oui, vous auriez été heureux, le bonheur
serait arrivé jusqu'à vous, il se serait élargi, peut-
être ne le saviez-vous pas, peut-être ne le croyiez-
vous pas... Vous aviez tort... Eh bien, c'est votre
propre bonheur que vous avez détruit en même
temps que le mien et celui de tous les autres...
(Léger ricanement du Tueur.) Vous ne croyez sans
doute pas au bonheur. Vous croyez que le
bonheur est impossible dans ce monde? Vous
voulez détruire le monde parce que vous pensez
que le monde est condamné au malheur. N'est-ce
pas? C'est bien cela? Répondez!! *(Ricanement du
Tueur.)* Vous n'avez pas songé un seul instant
que vous vous trompiez, peut-être. Vous êtes
sûr d'avoir raison. C'est de l'orgueil stupide, de
votre part. Avant de porter sur la question un
jugement définitif, laissez au moins les autres

faire leurs expériences. Ils essaient de réaliser,
pratiquement, techniquement, ici, sur cette terre
même, ce bonheur : ils réussiront peut-être, qu'en
savez-vous? S'ils ne réussissent pas, vous verrez
après. *(Ricanement de l'assassin.)* Vous êtes un pes-
simiste? *(Ricanement de l'assassin.)* Vous êtes un
nihiliste? *(Ricanement de l'assassin.)* Un anarchiste?
(Ricanement de l'assassin.) Peut-être n'aimez-vous
pas le bonheur? Peut-être le bonheur est-il autre
chose pour vous? Dites-moi quelle est votre
conception de la vie; quelle est votre philosophie?
Vos mobiles? Vos buts? Répondez!! *(Ricanement
de l'assassin.)* Écoutez-moi : vous m'avez fait per-
sonnellement le plus grand mal, en détruisant
tout ce que... enfin, passons... ne parlons pas de
moi. Mais vous avez tué Dany! Que vous a-t-elle
fait, Dany? C'était un être adorable, avec quelques
défauts, sans doute, elle était peut-être un peu
coléreuse, un peu capricieuse, mais son cœur
était bon et sa beauté excusait tout! Si on tuait
toutes les filles capricieuses, parce qu'elles sont
capricieuses, ou les voisins parce qu'ils font du
bruit et vous empêchent de dormir, ou quelqu'un
parce qu'il a une autre opinion que vous, ce serait
stupide, n'est-ce pas? Eh bien, c'est ce que vous
faites! N'est-ce pas? N'est-ce pas? *(Ricanement de
l'assassin.)* Ne parlons plus de Dany, c'était ma
fiancée, vous pouvez m'objecter qu'il s'agit là
encore d'une question personnelle. Mais dites-
moi alors... que vous a fait l'officier du génie,
l'officier d'état-major? *(Ricanement de l'assassin.)*
D'accord, d'accord... je comprends : il y a des
personnes qui détestent l'uniforme. Ils y voient, à

tort ou à raison, le symbole de l'autorité abusive, de la tyrannie, de la guerre qui détruit les civilisations. Bon : ne soulevons pas ce problème, il nous mènerait trop loin, peut-être; mais la femme *(ricanement du Tueur)* ...vous savez bien de qui je veux parler, la jeune femme rousse, que vous a-t-elle fait? Quelles raisons aviez-vous de lui en vouloir? Répondez!! *(Ricanement du Tueur.)* Admettons que vous détestez les femmes : elles vous ont peut-être trahi, elles ne vous ont pas aimé parce que... vous êtes... enfin, vous n'êtes pas très beau... c'est injuste, en effet, mais il n'y a pas que l'érotisme dans la vie, dépassez cette rancune... *(Ricanement du Tueur.)* Mais l'enfant, l'enfant, que vous a-t-il fait? Les enfants ne sont coupables de rien! N'est-ce pas? Vous savez de qui je veux parler : du petit que vous avez jeté dans le bassin avec la femme et l'officier, le pauvret... les enfants sont notre espoir, on ne doit pas toucher à un enfant, c'est l'opinion générale! *(Ricanement du Tueur.)* Peut-être pensez-vous que l'espèce humaine est mauvaise en soi. Répondez! Vous voulez punir l'espèce humaine même dans l'enfant, dans ce qu'elle a de moins impur... Nous pourrions débattre publiquement, contradictoirement, ce problème, si vous voulez, je vous le propose! *(Ricanement, haussement d'épaules du Tueur.)* Peut-être que vous tuez tous ces gens par bonté! Pour les empêcher de souffrir! Vous considérez que la vie n'est qu'une souffrance! Peut-être, voulez-vous guérir les gens de la hantise de la mort? Vous pensez, d'autres l'ont déjà pensé avant vous, que l'homme est l'animal

malade, qu'il le sera toujours, malgré tous les
progrès sociaux, techniques ou scientifiques, et
vous voulez pratiquer sans doute une sorte d'eu-
thanasie universelle? Eh bien, c'est une erreur,
c'est une erreur. Répondez! *(Ricanement du Tueur.)*
Si, de toute façon, la vie ne compte guère, si elle
est trop courte, la souffrance de l'humanité sera
courte aussi : qu'ils souffrent trente ans, quarante ans ou dix ans de plus ou de moins,
qu'est-ce que cela peut vous faire? Laissez les
gens souffrir si c'est leur volonté. Laissez-les souffrir le temps qu'ils veulent souffrir... De toute
manière, cela passera : quelques années ne
comptent guère, ils auront toute l'éternité pour
ne plus souffrir. Laissez-les mourir d'eux-mêmes,
bientôt il ne sera plus question de rien. Tout
s'éteindra, tout finira de soi-même. Ne précipitez
pas les événements : c'est inutile. *(Ricanement du
Tueur.)* Mais vous vous mettez dans une situation
absurde : si vous croyez être un bienfaiteur de
l'humanité en la détruisant, vous vous trompez,
c'est idiot!... Vous ne craignez pas le ridicule?
Hein? Répondez à cela! *(Ricanement du Tueur;
gros rire nerveux de Bérenger, puis, après avoir observé
quelques instants le Tueur.)* Je vois que cela ne vous
intéresse pas. Je n'ai pas mis la main sur le véritable problème, sur ce qui vous agite profondément. Répondez-moi : détestez-vous l'espèce
humaine? Détestez-vous l'espèce humaine?
(Ricanement du Tueur.) Et pourquoi? Répondez!
(Ricanement du Tueur.) Dans ce cas, ne poursuivez
pas les hommes de votre haine, c'est inutile, ça
vous fait souffrir vous-même, ça fait mal de haïr,

méprisez-les plutôt, oui, *je vous permets* de les
mépriser, éloignez-vous d'eux, vivez dans les
montagnes, faites-vous berger, tenez, vous vivrez
parmi les moutons, les chiens. *(Ricanement de
l'assassin.)* Vous n'aimez pas les bêtes non plus?
Vous n'aimez rien de ce qui est vivant? Pas même
les plantes?... Mais les pierres, le soleil, les étoiles,
le ciel bleu? *(Ricanement et haussement d'épaules du
Tueur.)* Non. Non, je suis stupide. On ne peut pas
tout détester! Croyez-vous que la société est mauvaise, qu'on ne peut pas l'amender, que les révo-
lutionnaires sont idiots? *(Haussement d'épaules
du Tueur.)* Mais répondez-moi donc, répondez!
Aah! Le dialogue n'est pas possible, avec vous!
Écoutez, je vais me mettre en colère, gare à vous!
Non... non... je ne dois pas perdre mon sang-
froid. Je dois vous comprendre. Ne me regardez
pas comme cela de votre œil d'acier. Je vais vous
parler franchement. Tout à l'heure, j'avais l'intention de me venger, moi et les autres. Je voulais vous faire arrêter, vous faire guillotiner. La
vengeance est stupide. Le châtiment n'est pas une
solution. J'étais furieux contre vous. Je vous en
voulais à mort... Dès que je vous ai vu... pas tout
de suite, pas à la seconde même, non, mais au
bout de quelques instants, je vous ai... c'est ridicule de dire cela, vous ne me croirez pas, et pourtant je dois vous le dire... oui... vous êtes un être
humain, nous sommes de la même espèce, nous
devons nous entendre, c'est notre devoir... au
bout de quelques instants, je vous ai aimé, ou
presque... car nous sommes frères..., et si je vous
déteste je dois me détester moi-même... *(Ricane-*

ment du Tueur.) Ne riez pas : cela existe, la solida-
rité, la fraternité humaine, j'en suis convaincu,
ne vous moquez pas... *(Ricanement, haussement
d'épaules du Tueur.)*... Ah... mais vous êtes un...
vous n'êtes qu'un... écoutez-moi bien. Nous
sommes les plus forts, moi-même je suis plus
fort physiquement que vous, malheureux infirme,
créature débile! En plus, j'ai la loi de mon côté...
la police! *(Ricanement du Tueur.)* La justice, toutes
les forces de l'ordre! *(Même jeu du Tueur.)* Je ne
dois pas, je ne dois pas me laisser emporter...
excusez-moi... *(Même jeu de l'assassin. Bérenger
s'éponge le front.)* Vous êtes plus maître de vous
que je ne suis maître de moi... mais je me calme,
je me calme... ne vous effrayez pas... D'ailleurs,
vous ne semblez pas effrayé... Je veux dire, ne
m'en veuillez pas... mais vous ne m'en voulez pas
non plus... non, ce n'est pas cela, je n'y suis pas...
Ah, oui, oui... peut-être ne savez-vous pas *(très
fort)* : le Christ est mort sur la croix pour vous, il
a souffert pour vous, il vous aime!!! Vous avez
certainement besoin d'être aimé, vous pensez que
vous ne l'êtes pas! *(Même jeu du Tueur.)* Je vous
donne ma parole d'honneur que les saints versent
des larmes pour vous, des torrents, des océans de
larmes. Vous en êtes baigné de la tête aux pieds,
il est impossible que vous ne vous en sentiez pas
un peu trempé! *(Ricanement du Tueur.)* Ne ricanez
plus. Vous ne me croyez pas, vous ne me croyez
pas!... Si un Christ ne vous suffit pas, je m'engage
solennellement à faire monter sur des calvaires
rien que pour vous, et de les faire crucifier, par
amour pour vous, des bataillons de sauveurs!...

Ça doit se trouver, j'en trouverai! Voulez-vous?
(Même jeu du Tueur.) Voulez-vous que le monde
entier se perde pour vous sauver, pour que vous
ayez un instant de bonheur, un sourire? Cela aussi,
ça peut se faire! Je suis moi-même prêt à vous
embrasser, à faire partie de vos consolateurs; je
panserai vos blessures, car vous en avez, n'est-ce
pas? Vous avez souffert, n'est-ce pas? Vous souffrez
toujours? J'ai pitié de vous, sachez-le. Voulez-vous
que je lave vos pieds? Voulez-vous des chaussures
neuves, ensuite? Vous avez horreur de la sentimen-
talité naïve. Oui, je vois, on ne peut pas vous
prendre par les sentiments. Vous ne voulez pas être
englué par la tendresse! Vous avez peur d'être
dupe! Vous avez un tempérament diamétralement
opposé au mien. Les hommes sont tous des frères,
bien entendu, ce sont des semblables qui ne se res-
semblent pas toujours. Il y a cependant un point
commun. Il doit y avoir un point commun, un langage commun... Lequel? Lequel? *(Même jeu du
Tueur.)* Ah, je sais, maintenant, je sais... Vous
voyez, je fais bien de ne pas désespérer de vous.
Nous pouvons parler le langage de la raison. C'est
le langage qui vous convient. Vous êtes un homme
de science, n'est-ce pas, un homme de l'ère mo-
derne, n'est-ce pas, j'ai deviné, un cérébral? Vous
niez l'amour, vous doutez de la charité, cela n'entre
pas dans vos calculs et vous croyez que la charité
c'est une tromperie! N'est-ce pas? N'est-ce pas?
(Ricanement du Tueur.) Je ne vous accuse pas. Je ne
vous méprise pas pour cela. Après tout, c'est un
point de vue qui peut se défendre, mais, entre
nous, voyons : quel est votre intérêt dans tout

ceci ? Votre intérêt ? A quoi cela peut vous servir,
à vous ? Tuez donc les gens, si vous voulez, mais
en esprit... laissez-les vivre physiquement. *(Haussement d'épaules, ricanement du Tueur.)* Ah, oui, ce
serait là une contradiction comique, à votre avis.
De l'idéalisme, pensez-vous ! vous êtes pour une
philosophie pratique, vous êtes un homme d'action. Parfait. Mais à quoi peut vous mener cette
action ? Quel est son but final ? Vous êtes-vous
posé le problème des fins dernières ? *(Ricanement
et haussement d'épaules un peu plus accentué du Tueur.)*
C'est une action tout simplement stérile, épui-
sante, en somme. Cela ne vous procure que des
soucis... Même si la police ferme les yeux, ce qui
arrive dans la plupart des cas, à quoi bon tant
d'efforts et de fatigue, des plans d'action compliqués, des nuits de guet épuisantes... le mépris des
hommes ? Cela vous est égal, peut-être. Vous
récoltez leur peur, c'est vrai, c'est quelque chose.
Bon, mais qu'en faites-vous de leur peur ? Ce
n'est pas un capital. Vous ne l'exploitez même
pas. Répondez ! *(Ricanement du Tueur.)* Tenez,
vous êtes pauvre, voulez-vous de l'argent ? Je peux
vous procurer du travail, une bonne situation...
Non. Vous n'êtes pas pauvre ? Riche ?... Aah...
bon, ni riche, ni pauvre !... *(Ricanement du Tueur.)*
... Je vois, vous ne voulez pas travailler : vous ne
travaillerez pas. Je prendrai soin de vous, ou,
plutôt, car je suis pauvre moi-même, je m'arran-
gerai, nous nous cotiserons, j'ai des amis, j'en
parlerai à l'Architecte. Et vous vivrez tranquillement. Nous irons au café, au bar, je vous pré-
senterai des filles faciles... Le crime ne paie pas.

Ne faites donc plus de crimes, vous serez payé. C'est sensé ce que je vous dis! *(Ricanement du Tueur.)* Acceptez-vous? Répondez, répondez donc! Savez-vous le français?... Écoutez, je vais vous faire un aveu déchirant. Moi-même, souvent, je doute de tout. Ne le répétez à personne. Je doute de l'utilité de la vie, du sens de la vie, de mes valeurs, et de toutes les dialectiques. Je ne sais plus à quoi m'en tenir, il n'y a ni vérité ni charité, peut-être. Mais dans ce cas, soyez philosophe : si tout est vanité, si la charité est vanité, le crime aussi n'est que vanité... Vous seriez stupide si, en sachant que tout n'est que poussière, vous donniez du prix au crime, car ce serait donner du prix à la vie... Ce serait prendre tout au sérieux... ainsi, vous voilà en pleine contradiction avec vous-même. *(Rire nerveux de Bérenger.)* Hein? C'est clair, c'est logique, là je vous ai eu. Dans ce cas, vous êtes lamentable, un pauvre d'esprit, un pauvre type. Logiquement, on a le droit de se moquer de vous! Voulez-vous qu'on se moque de vous? Certainement pas. Vous avez certainement de l'amour-propre, le culte de votre intelligence. Rien n'est plus gênant que d'être sot. C'est beaucoup plus compromettant que d'être criminel, même la folie a une auréole. Mais être sot? Être bête, qui peut accepter ça? *(Ricanement du Tueur.)* Tout le monde vous montrera du doigt. On dira : Ha! Ha! Ha! *(Ricanement du Tueur; déroute de plus en plus visible de Bérenger.)* Voilà l'imbécile qui passe, voilà l'imbécile! Ha! Ha! Ha! *(Ricanement du Tueur.)* Il tue les gens, il se donne un mal fou,

Ha! Ha! Ha! et il n'en profite pas, c'est pour
rien... Ha! Ha! Voulez-vous qu'on dise cela,
qu'on vous prenne pour un imbécile, un idéaliste,
un illuminé qui « croit » à quelque chose, qui
« croit » au crime, l'idiot. Ha! Ha! Ha! (*Ricanement de l'assassin.*) ... Qui croit à la valeur du
crime en soi. Ha! Ha! (*Le rire de Bérenger se fige
soudain.*) Répondez! C'est ce que l'on dira, oui...
s'il reste des gens pour le dire... (*Bérenger se tord
les mains, les joint, implore, s'agenouille devant le
Tueur.*) Je ne sais plus quoi vous dire. Nous avons
certainement eu des torts vis-à-vis de vous.
(*Ricanement du Tueur.*) Peut-être n'en avons-
nous pas eu du tout. (*Même ricanement.*) Je ne
sais. C'est peut-être ma faute, c'est peut-être la
vôtre, peut-être ce n'est ni la mienne ni la vôtre.
Il n'y a peut-être pas de faute du tout. Ce que
vous faites est peut-être mal, ou peut-être bien,
ou peut-être ni bien ni mal. Je ne sais comment
juger. Il est possible que la vie du genre humain
n'ait aucune importance, donc sa disparition non
plus... l'univers entier est peut-être inutile et vous
avez peut-être raison de vouloir le faire sauter, ou
de le grignoter au moins, créature par créature,
morceau par morceau... Peut-être ne devez-vous
pas le faire. Je ne sais plus du tout, moi, je ne sais
plus du tout. Peut-être vous êtes dans l'erreur,
peut-être l'erreur n'existe pas, peut-être c'est
nous qui sommes dans l'erreur de vouloir exister... Expliquez-vous. Qu'en pensez-vous? Je ne
sais, je ne sais. (*Ricanement du Tueur.*) L'existence
est, selon certains, une aberration. (*Ricanement
du Tueur.*) Les motifs que vous invoquez ne font-

ils peut-être que masquer les raisons réelles que
vous vous cachez à vous-même inconsciemment.
Qui sait! Faisons table rase de tout ceci. Oublions
les malheurs que vous avez déjà faits... *(Ricane-*
ment du Tueur.) C'est d'accord? Vous tuez sans raison, dans ce cas, je vous prie, sans raison je vous
implore, oui, arrêtez-vous... Il n'y a pas de raison
à cela, bien sûr, mais justement puisqu'il n'y a
pas de raison de tuer ou de ne pas tuer les gens,
arrêtez-vous. Vous tuez pour rien, épargnez pour
rien. Laissez les gens tranquilles, vivre stupide-
ment, laissez-les tous, et même les policiers, et
même... Promettez-le-moi, interrompez-vous au
moins pendant un mois... je vous en supplie, pendant une semaine, pendant quarante-huit heures,
que l'on puisse respirer... Vous voulez bien,
n'est-ce pas?... *(Le Tueur ricane à peine, sort de sa*
poche, très lentement, un couteau avec une grande
lame qui brille et joue avec.) Canaille! Crapule!
Imbécile sanglant! Tu es plus laid qu'un crapaud!
Plus féroce qu'un tigre, plus stupide qu'un âne...
(Léger ricanement du Tueur.) Je me suis age-
nouillé... oui, mais ce n'est pas pour t'implorer...
(Même jeu du Tueur.) ... C'est pour mieux viser...
Je vais t'abattre, après je te foulerai aux pieds, je
t'écraserai, pourriture, charogne d'hyène! *(Béren-*
ger sort de ses poches deux pistolets, les braque en
direction de l'assassin qui ne bouge pas d'une semelle.)
Je te tuerai, tu vas payer, je continuerai de tirer,
ensuite je te pendrai, je te couperai en mille mor-
ceaux, je jetterai tes cendres aux enfers avec les
excréments dont tu proviens, vomissure du chien
galeux de Satan, criminel crétin... *(L'assassin*

*continue de jouer avec la lame de son couteau; léger
ricanement; immobile, il hausse à peine l'épaule.)* Ne
me regarde pas ainsi, je ne te crains pas, honte
de la création... *(Bérenger vise, sans tirer, en direction de l'assassin qui est à deux pas, ne bouge pas,
ricane et lève tout doucement son couteau.)* Oh... que
ma force est faible contre ta froide détermination,
contre ta cruauté sans merci!... Et que peuvent les
balles elles-mêmes contre l'énergie infinie de ton
obstination? *(Sursaut.)* Mais je t'aurai, je t'aurai...
*(Puis, de nouveau, devant l'assassin qui tient le cou-
teau levé, sans bouger et en ricanant, Bérenger baisse
lentement ses deux vieux pistolets démodés, les pose à
terre, incline la tête, puis, à genoux, tête basse, les
bras ballants, il répète, balbutie :)* Mon Dieu, on ne
peut rien faire!... Que peut-on faire... Que
peut-on faire...

> *Tandis que l'assassin s'approche encore, rica-
> nant à peine, tout doucement, de lui.*

Londres, août 1957.

RIDEAU

DU MÊME AUTEUR

RHINOCÉROS suivi de LA VASE, *théâtre.*

DISCOURS DE RÉCEPTION D'EUGÈNE IONESCO À L'ACA-
DÉMIE FRANÇAISE et réponse de Jean Delay.

MACBETT, *théâtre.*

CE FORMIDABLE BORDEL!, *théâtre.*

JOURNAL EN MIETTES (Collection Idées).

EXERCICES DE CONVERSATION ET DE DICTION FRAN-
ÇAISES POUR ÉTUDIANTS AMÉRICAINS (THÉÂTRE, V)

L'HOMME AUX VALISES (THÉÂTRE, VI)

PRÉSENT PASSÉ, PASSÉ PRÉSENT, *essai* (Collection Idées).

LE SOLITAIRE, *roman* (Collection Folio).

ANTIDOTES, *essai.*

UN HOMME EN QUESTION, *essai.*

VOYAGES CHEZ LES MORTS. Thèmes et variations, *théâtre.*

Aux Éditions Belfond

ENTRE LA VIE ET LE RÊVE, entretiens avec Claude Bonnefoy.

Aux Éditions Delarge

CONTES POUR ENFANTS (4 volumes)

Aux Éditions Erker Saint Gallen

LE NOIR ET LE BLANC

Aux Éditions du Mercure de France

JOURNAL EN MIETTES
PRÉSENT PASSÉ, PASSÉ PRÉSENT
LE SOLITAIRE

Aux Éditions Skira

DÉCOUVERTES

COLLECTION FOLIO

1438.	Georges Duhamel	*Le voyage de Patrice Périot.*
1439.	Jean Giraudoux	*Les contes d'un matin.*
1440.	Isaac Babel	*Cavalerie rouge.*
1441.	Honoré de Balzac	*La Maison du Chat-qui-pelote, Le Bal de Sceaux, La Vendetta, La Bourse.*
1442.	Guy de Pourtalès	*La vie de Franz Liszt.*
1443.	xxx	*Moi, Christiane F., 13 ans, droguée, prostituée...*
1444.	Robert Merle	*Malevil.*
1445.	Marcel Aymé	*Aller retour.*
1446.	Henry de Montherlant	*Celles qu'on prend dans ses bras.*
1447.	Panaït Istrati	*Présentation des haïdoucs.*
1448.	Catherine Hermary-Vieille	*Le grand vizir de la nuit.*
1449.	William Saroyan	*Papa, tu es fou!*
1450.	Guy de Maupassant	*Fort comme la mort.*
1451.	Jean Sulivan	*Devance tout adieu.*
1452.	Mary McCarthy	*Le Groupe.*
1453.	Ernest Renan	*Souvenirs d'enfance et de jeunesse.*
1454.	Jacques Perret	*Le vent dans les voiles.*
1455.	Yukio Mishima	*Confession d'un masque.*
1456.	Villiers de l'Isle-Adam	*Contes cruels.*
1457.	Jean Giono	*Angelo.*
1458.	Henry de Montherlant	*Le songe.*
1459.	Heinrich Böll	*Le train était à l'heure* suivi de quatorze nouvelles.
1460.	Claude Michel Cluny	*Un jeune homme de Venise.*
1461.	Jorge Luis Borges	*Le livre de sable.*
1462.	Stendhal	*Lamiel.*
1463.	Fred Uhlman	*L'ami retrouvé.*
1464.	Henri Calet	*Le bouquet.*
1465.	Anatole France	*La Vie en fleur.*

*Cet ouvrage a été composé
et achevé d'imprimer par l'Imprimerie Floch
à Mayenne le 20 septembre 1984.
Dépôt légal : septembre 1984.
1er dépôt légal dans la même collection : mai 1974.
Numéro d'imprimeur : 22410.*

ISBN 2-07-036576-X / Imprimé en France.